글로벌 북극

북극을 통해 들여다 본 세계 경제의 지형도

The Gl🌐bal

글로벌 북극

북극을 통해 들여다 본 세계 경제의 지형도

김효선 지음

nomad
지식노마드

목차

머리말 • 7

1장 북극과 글로벌 경제 _ 11

    1.1 글로벌 경제의 저성장과 북극권 경제 • 17

    1.2 미래 에너지 보고, 북극 • 25

    1.3 기후변화의 중심인 북극 • 38

2장 북극과 에너지 시장 _ 47

    2.1 북극과 에너지안보 • 49

    2.2 국제원유시장을 움직이는 북극권 • 64

    2.3 북극 에너지의 지속가능개발 정책트렌드, 신재생에너지 • 79

3장 북극과 환경 _ 87

    3.1 기후변화협약과 탄소시장 • 87

    3.2 북극권 국가의 기후정책 • 112

    3.3 생태서비스와 생물다양성 • 134

4장 북극과 안보 _ 141

4.1 북극 거버넌스와 북극이사회 • 147

4.2 북극항로와 지정학적 리스크 • 150

4.3 북극과 핵 • 158

4.4 북극권 경제의 명과 암 • 164

맺음말 • 170

참고문헌 • 175

참고자료 • 189

머리말

북극에는 원초적 매력이 있다. 북극은 미래를 위한 자원의 보고이자, 지구온난화의 아이콘인 북극곰의 서식지다. 북극은 국경 분쟁이 극명한 곳이라 팽팽한 긴장감이 감도는 곳이지만, 다음 세대를 위해 잘 물려주어야 할 인류 모두의 유산이기도 하다.

필자가 처음 경험한 북극은 에너지 마피아인 러시아의 가즈프롬이 주최한 국제회의 참석차 우렌고이를 방문한 2010년 겨울이었다. 군용 헬리콥터도 난생 처음이었지만 하늘에서 내려다 본 툰드라 평원은 한마디로 장관이었다. 하얀 눈 위 순록이 끄는 썰매며, 가족 단위로 사용하는 가죽 텐트며, 명태로 멋을 낸 정찬이며 외지 손님을 맞이하는 북극원주민들의 눈에는 머리가 노란 서양인이나 머리가 까만 동양인이나 같아 보일 거라는 생각이 들었다.

이 책은 북극을 개발하고자 하는 비즈니스맨이나 북극을 보호하고자 하는 환경운동가 어느 한편에도 서지 않는 중립적 이야기를 풀어가고자 시작되었다. 아니, 이 글은 어쩌면 북극을 개발하고 싶은 마음과 북극곰이 동화 속 주인공이 아닌 코카콜라의 트레이드마크로 남길 원하는 두 가지 마음이 모두 작용했다 할 수 있다. 왜냐하면 북극은 글로벌 경제의 단면이기 때문이다.

아마도 이 책은 〈화이트아웃Whiteout〉이나 〈더 그레이The Gray〉와 같은 남극이나 북극을 그린 스릴러나 재난영화와 같은 생동감을 주지는 못할 것이다. 대신 이 책은 독자들의 시선을 북극에 고정시키기 보다는, 북극이라는 프리즘을 통해 세상을 보도록 유도할 것이다.

"경제 예측은 부분적으로 알려진 과거partially known past로부터 알려지지 않은 현재unknown present를 통해 알 수 없는 미래unknowable future를 추정하는 것"이라는 영국 재무장관 데니스 힐리의 명언을 빌리면, 이 책은 과거 20년을 통해 20년 후 글로벌 경제에 엄청난 영향을 미칠 북극이라는 요소를 미리 짚어보는데 그 의의가 있다.

그럼, 짧지만 먼 시간여행을 떠나보자.

2016년 겨울 막바지에서

The Global Arctic

1장
북극과 글로벌 경제

글로벌 경제와 북극은 어떤 관계가 있는가가 바로 이 책의 화두다. 필자가 뉴욕에 있는 유엔개발국UN Development Programme에서 일하던 시절은 세간에 세계화, 국제화가 핫이슈였던 1998년이었다. 에너지 시장 전문가모임에서 "국제화와 세계화는 어떻게 다른가?"라는 주제로 논쟁이 있었다. 지루한 논쟁을 단칼에 종결지은 이는 바로 국제 변호사였는데 그는 이렇게 조용히 말했다. "국제화는 국제결혼을 하는 것이고, 세계화는 세계 곳곳에 현지처를 두는 것이다"라고. 다들 이 한 마디에 무릎을 쳤다. 아마 골프모임이었다면 "로컬 룰이 세계화고, 일반적인 글로벌 룰이 국제화다"라고 했을 것 같다. 그때 모임 구성원 중에 여성은 필자 혼자였던 터라 그 표현이 너무도 명쾌해 남들 따라 웃지도 못하고 그렇다고 정색도 못했던 기억이 난다.

사실 이 이야기는 성평등에 관한 이야기가 아니다. 국제화와 세계화는 같으면서도 다르다. 국제화에는 글로벌 스탠더드라는 엄연한 기준이 존재하고 그 기준을 따르는 것을 전제로 한다. 반면 세계화는 지역 특성을 존중해야 성공한다. 즉, 로마는 세계화에 성공했고, 몽골은 국제화에 성공했다고 볼 수 있는 것이다.

글로벌 경제는 바로 현재의 경제이슈가 더 이상 한 국가의 리더십에 의존하지 않는다는 것을 인식하는 데서 출발한다. 글로벌 경제를 운운하면서 북극을 끌어들인 것은 이 책에서 공유하고자 하는 시간대가 과거도 현재가 아닌 '미래'에 있기 때문이다. 북극은 미래 자원의 보고이자 지구온난화의 상징인 북극곰의 서식지다. 즉, 북극은 국경 분쟁으로 팽팽한 긴장감이 감돌지만 잘 쓰고 다음 세대에 물려주어야 할 인류 모두의 유산이기도 한 것이다.

20년 전만 해도 세계 경제는 28조 달러에 불과했다. 이제는 50조 달러가 추가되어 글로벌 경제 규모가 78조 달러에 이른다. 20년 전 중국은 기후변화협약 협상테이블에서 개도국 협상그룹의 대표주자였다. 교토체제의 최대수혜자이면서도 선진국을 향해 요구사항이 많았던 중국이었다. 그런 중국이 2015년에는 미국과 손을 잡고 파리합의문 채택을 성공적으로 이끌었다. 20년 전 교토회의와 2015년 파리회의 둘 다 참석한 필자로서는 중국의 활약에 격세지감을 느낀다.

20년 전 중국은 경제규모가 4000억 달러에 불과했지만, 홍콩반환 이후 25배 성장하여 10조 달러를 주무른다. 세계 인구의 20퍼센트를 차지하는 중국경제(글로벌 경제의 13퍼센트)가 수입하고 수출하는 규모는 단연 세계 1위다. 앞으로 20년 후의 글로벌 경제에 새로운 신인은 누가 될까? 이 책은 바로 20년 후를 가늠해 보기 위한 과정을, 북극이라는 창을 통해 살펴본다고 할 수 있다.

20년 전이나 지금이나 크게 달라지지 않은 것은 미국의 위상이다.

미국은 여전히 글로벌 경제의 맹주다. 20년 전과 달라진 것은 여성인사의 활약이 두드러진다는 것이다. 미국 연방준비위원회(이하 연준) 옐런 의장과 국제통화기금IMF 라가르드 총재를 들 수 있다. 이 두 여성은 이미 2015년에 큰 일을 해치웠다. 옐런 의장은 금리인상 가능성을 현실로 만들었고, 라가르드 총재는 연준 결정을 2016년 세계 경제에 부정적인 영향을 미칠 세 가지 요인 중 하나로 지목했다. 라가르드 총재가 꼽은 나머지 요인으로는 중국의 경기 불안과 저유가에 따른 산유국 충격이 있다. 즉, 이 두 여인은 바로 글로벌 경제의 핵을 쥐고 있다고 할 수 있다.

　미국 연준의 역할이 어느 때보다 커진 것은 소위 G2 리스크에 불확실성이 더해졌기 때문이다. G2 리스크란, 주요 2개국인 미국과 중국 리스크를 의미한다. 즉, 미국의 금리인상 시기와 중국 경제의 둔화 속도에 대한 리스크를 말한다. 미국 연준은 2015년 10월 기준금리 동결을 발표한 이후 금리인상을 미뤄왔다. 금리인상이 지연된다는 것은 바로 시장의 확신이 부족하다는 것을 말한다. 게다가 중국의 성장세 둔화에 따른 금융과 실물시장의 불안이 중국과의 교역으로 동반성장한 신흥국에게 파급되면서 신흥국의 금융안정이 저해되어 성장모멘텀이 약화될 우려가 커지고 있다. 즉, 비단 두 나라만의 문제가 아니라는 얘기다. 특히 세계경제에서 신흥국이 차지하는 비중이 과거보다 크게 높아졌다는 점은, 신흥국의 환리스크가 자국의 체질악화는 물론 글로벌 현상으로 파급될 때의 여파까지 생각하면 총체적인 문제가 아닐 수 없다.

　이러한 상황에서 미국 연준은 신기후체제를 결정한 제21차 기후변화협약 당사국 총회가 열리던 2015년 12월 초에 청문회를 성공리에 마치자마자 금리인상을 단행했다. 연준의 금리인상은 글로벌 경제에 정책 불확실성을 제거하는 큰 효과를 가져왔다.

미국이 가진 가장 강력한 무기 중 하나는 달러다. 달러를 강하게 만들수록 미국을 제외한 나머지 국가들은 상대적 박탈감을 느낀다. 이번 금리인상은 바로 미국의 힘을 글로벌 시장에서 다시 한번 확인한 사건이다. 미국과 북극이 무슨 상관이냐 하겠지만 미국은 북극권 국가들의 협의체인 북극이사회*의 의장국이다. 공교롭게도 북극이사회를 맡은 기간 동안 미국은 두 개의 무기를 적절히 활용해 글로벌 경제를 바라보는 나머지 국가들을 무기력하게 만들었다. 앞에서 언급한 달러가 그 무기 중 하나라면 다른 하나는 에너지다. 북극은 에너지 자원의 창고와 같다. 즉, 북극은 원유 비축을 무기로 한 안보전략의 일환인 동시에 경제성장의 또 다른 동력인 셈이다.

한편 북극은 글로벌 경제를 움직이는 메이저 기업들이 속한 국가가 자국의 영토를 주장하는 곳이기도 하다. 즉, 북극은 경제적 요충지이면서 동시에 군사적 요충지인 것이다. 최근 〈뉴욕타임즈〉의 보도에 따르면, 러시아의 움직임이 심상치 않다. 러시아의 최근 수년간 군비지출 증가는 냉전 이후 최대 규모로 증강되고 있다. 군비지출은 대규모 군사훈련과 무기의 현대화 등에 투입되고 있는데 올해에도 북극해를 비롯해 국경 지역에서 대대적인 군사훈련을 실시하고 있

---

* 북극이사회 회원국으로는 미국, 캐나다. 러시아 외에 덴마크, 스웨덴, 핀란드, 노르웨이, 아이슬란드의 북유럽국가들이 있다. 이 책에서는 편의상 이들 북극이사회 회원국인 북유럽 국가들을 노르딕으로 칭함.

다. 러시아의 군비지출 증가는 러시아군의 현대화 전략에 따른 것으로, 러시아는 오는 2020년까지 현재의 병력과 무기 시스템의 70퍼센트를 현대화 한다는 계획을 진행 중이고, 올해에도 북극해를 비롯해 국경 지역에서 대대적인 군사 훈련을 실시하여 대내외적으로 군사력을 과시하기도 했다. 또한 최근 터키와의 갈등을 비롯한, 북대서양조약기구 소속 국가들과 영공 침범 문제로 잦은 충돌을 빚기도 했다.

특히, 러시아는 북극해 일대에 새로운 군사시설을 확충하면서, 극지방 군사력을 확대해 나가고 있는데 이렇게 러시아가 북극에 호전적인 태도를 보이고 있는 배경에는 궁지에 몰린 쥐가 물 수밖에 없는 것과 같은 원리가 깔려 있다. 우크라이나 사태로 서방의 경제제재를 받고 있는 러시아는 시리아 문제에도 적극적으로 개입하고 있다. 즉, 북극을 주목할 수밖에 없는 또 다른 이유는 바로 러시아의 입지가 외교 문제가 발생하는 지역에서 존재감을 과시하고 있기 때문이다. 최근 미국 오바마 정부가 국방비를 절감하는 정책을 펼치며 시장을 움직이는 데 반해 러시아와 중국은 그 비중을 점차 늘려나가고 있다. 즉, 미국의 국방비는 러시아와 중국의 비중이 최근 5년 사이 급격히 증가한 것과는 대조적으로 감소추세에 있다.

그럼에도 불구하고, 미국은 여전히 전세계 국방비에서 차지하는 비중으로 볼 때 세계 1위 자리를 유지하고 있다. 즉, 오바마는 "우리가 제일 좋은 망치를 갖고 있다고 세계의 모든 문제를 못으로 봐서는 안 된다"고는 했지만, 미국은 망치 하나도 명품을 쓴다는 얘기다.

이렇게 현재 미국과 러시아가 대립하는 양상은 기존의 양자체제에서 중국이 개입되어 복잡한 정치외교적 문제가 북극을 통해 증폭되

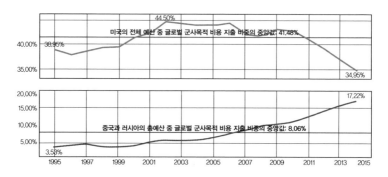

44.50%

미국의 전체 예산 중 글로벌 군사목적 비용 지출 비중의 중앙값: 41.48%

40.00% 38.95%

35.00%

34.95%

20.00% 17.22%

15.00%

10.00%

중국과 러시아의 총예산 중 글로벌 군사목적 비용 지출 비중의 중앙값: 8.06%

5.00%

3.58%

1995 1997 1999 2001 2003 2005 2007 2009 2011 2013 2015

1995~2015년까지 지난 20년간 미국과 러시아+중국의 군사목적 비용지출 추이(출처: 미국 국방부)

중국	36.10
미국	24.41
아르헨티나	21.92
멕시코	19.28
남아공	13.73
호주	11.21
캐나다	10.99

국가별 셰일가스 매장량
(출처: 미국 에너지성, 단위: TCM)

고 있다. 특히 중국이 글로벌 셰일가스 개발에서 미국의 독식을 깰 수 있다는 전망이 나오면서 비전통적 에너지자원과 북극 이슈는 글로벌 경제의 가장 기본적인 에너지수급에 큰 변수로 작용할 것으로 전망된다. 중국의 셰일가스는 미국의 셰일가스보다 경쟁력이 낮다. 현재까지는 이라는 단서 하에서 말이다. 하지만 매장량 측면에서 볼 때 중국의 셰일가스는 향후 북극의 에너지자원과 같은 의미가 있다. 현재의 기술로는 경쟁력이 없지만 기술력만 갖추면 곧 글로벌 시장에 나올 수 있는 비장의 카드인 것이다. 카드는 하나 있는 것보다 두 개 있는 것이 전략 면에서 훨씬 낫지 않은가?

어렸을 때 친구랑 내기를 한 적이 있다. 중국 인구가 10억이 넘느냐 넘지 않느냐였다. 1999년에서 2000년으로 들어설 때 세간의 관심이 종말론과 맞물려 갖은 추측과 음모론이 난무하던 시절이었다.

현재 중국 인구는 13억이 넘는다. 2000년은 중국인구가 12억5천만 명에서 12억6천만 명을 향해 달리고 있을 때였다. 필자는 중국 인구가 10억이라고 했고, 친구는 15억이라고 주장했다. 지금처럼 스마트폰이나 네이버가 있던 시절이 아니어서 답을 찾는데 시간이 걸렸다. 며칠 후 우리는 중국인구가 12억5천만 명이란 사실을 알고 서로의 변명거리를 찾았다. 필자는 중국의 시골에 사는 노인들이 사망신고를 하지 않아서 실제인구는 12억5천만 명 보다 적을 것이라 했고, 친구는 산아제한정책으로 출생신고가 안 된 여자애들이 많아 실제인구는 15억도 넘을 것이라고 우겼다. 지금 생각하면 필자의 주장도 친구의 주장도 설득력은 없다. 실제로 인구가 얼마인지를 정확하게 파악하기란 현재도 어렵지만, 그 시절에는 더욱 어려웠을 것이라 짐작된다.

당시 세계 인구가 60억 명이고, 현재 세계 인구가 72억 명이란 것에 비하면 중국의 산아제한정책은 성공한 셈이다. 그러나 그때와 지금은 인구를 바라보는 시각이 다르다. 그때는 고령화, 즉 인구의 연령별 분포보다 인구수나 인구증가율 부담이 더 컸다. 즉, 인구의 연령별 구성 또는 실제로 노동력을 제공할 수 있는 인력 풀과 고용에 대한 고민은 상대적으로 적었다. 그러나 지금은 어떠한가?

독일 메르켈 수상이 시리아 난민을 수용한다고 했을 때 이를 순수한 휴머니즘으로만 본다면, 메르켈은 노벨평화상을 탈 것이다. 〈이코노미스트〉가 메르켈의 난민수용정책을 "감정보다 계산이 앞섰지만, 위험은 생각보다 클 것이다less emotional, more risky"라고 꼬집은 것은 영국인이 평소 독일인을 향한 일반적 정서가 다소 냉소적이라는 것을 읽을 수 있다. 왜냐면 아이러니하게도 시리아 난민을 수용한다는 것은 그에 따른 부작용도 있지만 궁극적으로는 늙은 독일에 젊은 피를 수혈한다는 의미가 있기 때문이다. 오히려 유럽 언론의 한편에서는 메르켈이 난민을 '묻지도 따지지도 않고'* 수용하겠다고 선언함으로써 세상을 양분화시켰다고 비난했다. 즉, 메르켈이 난민을 수용하는 노선을 선택함으로써, 그 반대편에 난민수용을 반대하는 노선이 생길 수밖에 없는 논리적 배경을 메르켈이 제공했다는 것이다. 이는 이념전쟁에서 흔히 쓰는 방법론이다. 물론 난민수용정책은 이념적으로 해석할 일이 아니다. 하지만 무분별한 난민수용이 부작용을 초래할 것에 대한 우려는, 난민을 수용함으로써 노동력이 증가하기보다 오히려 실업문제가 사회문제로 증폭될 가능성에 대한 경종을 울리기 때문이다.

제16회 세계지식포럼에서 인구학자 해리 덴트가 지적한 2018년 인구절벽Demographic Cliff은 저출산고령화 대책에 대한 경종을 울린다. 인구절벽이란, 출산감소와 고령층 증가추세 속에서 소비지출이

---

* 이 책을 10년 후에 보는 독자들은 이 표현이 어색할지 모르겠지만, 이 표현은 한 보험회사의 광고를 통해 배우 이순재가 유행시킨 표현이다. 즉, 난민수용정책에 대해 메르켈이 관대했는지를 표현하기에는 가장 적절하다고 판단되어 삽입함.

정점에 이르는 45~49세 인구가 감소하면서 소비 또한 급속히 줄어드는 현상을 말한다. 문제는 한국이 2018년에 인구절벽을 경험할 마지막 선진국이며, 더 큰 문제는 중국발 금융위기와 고령화로 한국이 가장 큰 타격을 받을 수 있다는 것이다. 그가 제시한 처방은 강력한 출산정책과 노인근로 장려인데, 사실 필자는 그의 이 극단적 처방이 과연 실효성이 있을지 의심스럽다. 물론 그의 진단을 신뢰하지 않는 것은 아니다. 그러나 소비지출의 정점에 이르는 나이에 해당하는 필자는 이미 소비정점이 30대 후반에서 꺾였다. 필자보다 더 보수적으로 재테크와 세테크를 한 사람들은 보다 일찌감치 소비를 줄였다.

해리 덴트가 내놓은 출산장려와 노인근로 장려는 말 그대로 극약처방 역할을 할지는 모르겠다. 체력이 탄탄하지 않은 상태에서 극약처방을 하면 환자가 잠깐은 회복된 것처럼 보이거나 생명연장을 시켜줄 수 있겠지만, 정상적인 생활을 할 수 있는 상태까지 회복은 어렵다고 본다. 그 이유는 요즘의 국내 소비패턴을 보면 알 수 있다. 현재 가장들은 소비의 주체라기보다는 소비 주체들의 물주로 전락한지 오래다. 즉, 국내 소비시장은 근로소득이 있는 사람보다 근로소득을 가진 배우자 또는 가족이 주도한다. 이러한 소비패턴은 기형적이라 할 수 있다. 그렇다면 한국의 인구절벽은 어떻게 해결해야 할까?

필자는 경제주체와 소비주체를 일치시키는 일이 급선무라고 생각한다. 우리 세대는 선진국의 노인복지 시스템이 우리에게도 주어질 것이라는 기대를 하며 경제활동을 해왔다. 노동은 신성한 것이다. 하지만 투입된 것만큼 돌아오지 않을 때 피로감은 물론 불신이 쌓이게 된다. 이미 정부와 납세자 간의 갈등은 시작된 지 오래며, 이제는 세대간 갈등이 더 심각한 사회문제가 되고 있다.

그렇다면 이런 문제가 북극권국가에서는 어떻게 나타났고, 혹은 나타날 것인가? 북극권국가 중 미국, 캐나다, 러시아를 제외한 국가들은 모두 북유럽국가로 불리우는 노르딕Nordic 국가*다.

노르딕 국가의 인구는 2천700만 명으로 유럽 총인구의 20분의 1밖에 안 된다. 그러나 고용불안*은 상대적으로 적다. 고용인력의 30퍼센트를 공공부문이 흡수하고 있고 여성인력의 3분의 2가 정규직에 종사하고 있다. 그러나 젊은층의 실업률 증가폭이 유럽연합보다 높아 새로운 문제로 부상하고 있다. 노르딕 국가도 우리와 비슷한 문제를 안고 있다. 저출산 고령화를 피할 수 있는 나라는 없다.

그럼에도 노르딕 국가들은 1995년 대비 경제규모가 2배 가까이 성장했다. 대신 이산화탄소 배출량은 약 20퍼센트 감소하였다. 국제사회가 원하는 녹색성장을 일구어낸 것이다. 그 배경에는 신재생에너지 정책과 탄소세와 같은 친환경 조세제도가 잘 발달되어 있는 것을 들 수 있다. 특히 노르딕 국가들은 세수 비중이 GDP 대비 43.8퍼센트로 미국(25.4퍼센트)이나 일본(29.5퍼센트) 보다 높고, 교통세와 탄소세 등 환경관련 조세가 잘 발달되어 있다. 또한 연구와 기술개발에 대한 정부예산 집행이 유럽연합 평균보다 높은 것도 이들 국가들의 녹색성장에 긍정적인 역할을 했을 것으로 유추된다.

---

* 이 책에서 언급하는 노르딕 국가 관련 통계는 Nordic Statistics 2015으로, 대부분이 2014년 실 치 기준이나, 에너지 통계는 2013년 기준임.
* 노르딕국가의 실업률은 6.9%임. 미국과 유럽연합의 실업률은 각각 7.4%와 11%임.

일반적으로 탄소배출량에 과세를 부과하는 정책은 기술진보와 결합해야만 그 효과를 발휘할 수 있다. 즉, 환경관련 조세가 연구와 기술개발 투자와 연계되어야 저탄소 기술개발이나 에너지효율 투자에 대한 성과를 기대할 수 있다. 핀란드의 제지 및 석유화학 업종 사례를 보면 탄소세가 자발적협약에 참여하려는 동기를 유발시키고", 덴마크의 에너지절약에 대한 보조금은 저탄소 에너지로 연료를 대체하고 에너지효율을 개선하는 정책효과를 가져온 것으로 평가된다."

　이들 국가들이 타지역 국가들과 또 다른 점은 바로 에너지 보조금이나 복지에 엄격한 기준을 적용하고 있다는 것이다. 즉, 에너지복지가 소비를 과도하게 부추기지 않는다는 것이다. 이러한 정책"은 2014년 발표한 "노르딕 국가의 기후변화 대응방안Nordic Action on Climate Change"에서 과도한 에너지복지를 지양하는 그들의 철학을 엿볼 수 있다.

　노르딕 국가의 철학을 엿볼 수 있는 필자의 개인적인 경험을 소개하면 다음과 같다. 국제가스연맹International Gas Union, IGU이 주최하는 지속가능분과 위원회의를 위해 세르비아를 방문했을 때다. 지속가능분과는 다른 분과에 비해 유럽인들의 활약이 두드러지는 곳이다. 명색은 국제가스연맹이라고 하지만, 유럽을 중심으로 돌아간다고 해도 과언이 아닐 정도로 유럽이 헤게모니를 쥐고 있기 때문에 노르웨이, 핀란드, 덴마크 출신 위원들이 활발하게 활동하고 있다. 그 중

* 필리핀 등 동남아시아국가에서 에너지보조금이 국고를 축내는 성격과는 구별된다. 또한 북유럽의 에너지복지는 그 엄격성에서 캐나다나 미국의 복지정책과는 성격이 다름.

노르웨이 스타토일하이드로 소속의 칼리와 아침 일찍 산책을 한 적이 있다. 사라예보의 수도 베오그라드 성당 근처를 돌면서 아직 문을 열지 않은 쇼윈도를 기웃거리던 차 갑자기 꾀죄죄한 집시 여인과 마주쳤다. '이치현과 벗님들'의 노래 '집시여인'의 로맨틱함은 전혀 찾아볼 수 없는 이 여인은 혼자가 아니었다. 아기를 포대기에 안고 관광객을 상대로 구걸을 하고 있었다. 내가 어쭙잖은 자비심이 발동하여 갖고 있던 동전을 꺼내 그 집시여인의 손에 들여 주려던 순간 내 친구 칼리는 큰 소리로 나를 꾸짖었다. 너의 알량한 자비심은 그녀를 구하지도, 그녀의 아기도 구하지 못한다고.

그녀의 논지는 이렇다. 사사로운 지원은 집시여인의 역량형성에 전혀 도움이 되지 않을 뿐 아니라 그녀의 아기에게도 돌아가지 않는다는 것이다. 이는 바로 연구개발의 사회적 편익이 크다는 인식이 곧 공적자금 조성에 대한 대의명분을 제공하고, 국민의 세금으로 조성된 공적자금은 또 엄격히 운영되어야 한다는 논리와 맞아 떨어진다.

또 하나의 개인적 경험도 북극권 인구와 저성장을 이해하는 데 도움이 되지 않을까 싶다. 필자가 트롬소에서 경험한 웃지못할 이야기다. 이 이야기는 필자의 미숙함과 무모함이 낳은 이야기지만 노르웨이와 북극과 글로벌 경제를 모두 한꺼번에 공감할 수 있는 부분이 있을 것 같다.

2016년 북극프론티어회의는 노르웨이 트롬소에서 개최되었다. 2015년 노르웨이는 시리아 난민을 2017년까지 8천 명을 수용한다고 발표한 바 있다. 노르웨이 녹색당은 난민수용을 위해 북극섬 스발바르를 제안하기도 했다.

필자가 2016년 북극프론티어회의 차 북위 69도 노르웨이의 트롬소를 방문했을 때다. 2015년의 여름이 무지 더웠다는 뉴스는 여러 통계를 통해 확인 할 수 있다. 2016년 1월 한파는 중위도에 집중되었다. 한국도 비켜갈 수 없었다. 트롬소를 방문하기 바로 전 날만 해도 한국은 26년 만에 찾아온 한파로 영하 15도의 강추위에 한창 떨고 있었다. 그런데 막상 북극권 안에 있는 트롬소는 영상 2도였다. 밤이라 해봤자 0도.

필자는 출장이나 여행 중에 차를 빌려 돌아다니는 걸 즐긴다. 더 많은 것을 보고 느낄 수 있기 때문이다. 때론 그런 욕심이 화를 부른다. 10년 전에는 이탈리아 아말피에 갔다 모래사장에 차가 빠진 적도 있었다. 동네 청년들이 차를 밀어주는 바람에 위기를 모면했었다. 지금도 생각하면 흐뭇한 장면들이 떠오른다. 아시아 여성이 쩔쩔 매는 걸 보고 도와주겠다고 수영복 차림에 동네 청년들이 4~5명 몰려든 것도 개인적인 충격이었지만 그것을 독려하는 가족, 즉 엄마, 여자친구, 부인들의 모습은 감동 그 자체였다. 걱정하는 나를 이들 여성들이 위로하면서 자기 남자친구와 아들, 남편이 외국에서 온 이방인의 차를 뜨거운 여름에 더 뜨거운 차를 맨손으로 민다는 것은 안 해본 사람들은 이해 못한다. 그만큼 차는 뜨거웠고 날씨도 무척 더웠다.

이번 트롬소에서는 겨우 내 차곡차곡 쌓인 눈이 도로와 도로 사이에 둔턱을 만든 것을 무시하고 넘으려다 차가 둔턱에 걸쳐버렸다. 앞으로도 가지 못하고 뒤로도 빼지 못하는 상황이라 난감했다. 물론 날씨가 북극 치고는 온화한 영상 1도 였다 하지만 진눈깨비가 내려 습한 바람이 정말 추웠다. 아마 상황이 더 춥게 만들었을 것 같다. 혼자

쩔쩔 매고 있는데 젊은 노르웨이 친구가 다가왔다. 자기가 자동차렌탈회사인 헤르츠의 직원인데 필자의 차가 헤르츠 차량인 걸 보고 출근하는 길이지만 도와줘야겠다는 것이다. 물론 필자 같으면 서비스를 불러주고 그냥 출근했을 것 같다. 핑계를 대자면, 빡빡한 일상도 원망스럽지만 남을 돕는다는 게 몸에 익지 않아서인 것 같다.

그런데 이 친구는 본부에 전화를 하기도 전에 차도 밀어보고 들어도 보고 직접 차를 작동해 보기도 했다. 그러다 지나가는 서비스 차량을 불러 차를 끌어내자고 했다. 서비스 차량이 왔다. 로프를 달아서 끌어봤지만 문제는 필자의 차량이 얼음 둔턱에 끼어버린 바람에 로프가 끊어졌다. 서로 난감한 표정을 짓고 있는데 이 지역에서는 보기 드문 이주자로 보이는 친구들이 4명 지나갔다. 그 거리는 트롬소에서는 그래도 꽤 번화한 곳이라 많은 사람들이 지나갔다. 그 중 한 명 정도는 자발적으로 차를 밀어주긴 했지만 별 성과가 없었다.

그런데 이 이주자 중 두 명이 필자에게 다가와서 도움을 원하느냐고 물어왔다. 필자는 반가운 마음에 그러면 좋겠다고 애원의 눈빛을 보냈다. 헤르츠 직원이라던 친구들은 나머지 두 명에게 혹시 도와줄 수 있냐고 물었다. 사실 그 나머지 두 명은 그냥 지나가고 싶어 했다. 그러다 필자의 애절한 요청에 나머지 두 명이 합세했다. 도합 6명이 차를 들었다. 차가 드디어 얼음 덫에서 해방됐다. 난 이 장관을 앞으로 또 수십 년 잊지 못할 거다. 이탈리아의 뜨거운 여름 날 해변에서 받았던 이탈리아 남성들의 도움을 잊지 못하듯이.

필자는 그 여섯 명의 조합이 바로 우리가 북극을 또 세계를 움직이는 힘이 아닌가 하는 생각을 한다. 북극이 더 이상 북극만의 문제가 아니듯이 글로벌 경제는 이제 이주자들의 문제를 함께 해결해 가며 풀어가야 한다.

필자가 이 경험을 하기 전까지는 북극은 그냥 폐쇄적인 시스템일 수밖에 없고 노동인구의 유입이 거의 없는 문제를 어떻게 해결할까 하는 생각에 갇혀있었을 것이다. 그러나 이제 북극은 열렸다. 북극은 더 이상 북극이사회 회원국들만의 지역이 아니고, 옵서버들의 눈과 팔이 필요하게 되었다. 북극은 이제 더 이상 그 지역사람들의 힘으로 만 유지되고 개발되는 선을 넘어섰다는 것을 바로 필자의 소소한 경험을 통해 독자들이 함께 느끼면 좋겠다.

아직도 피부가 하얀 친구들 2명과 피부가 꺼먼 친구들 4명의 도움 을 받은 필자의 모습이 생생하다.

1.2 미래 에너지자원의 보고, 북극

남극과 북극에는 대규모 유전과 막대한 가스하이드레이트가 매장 되어 있다는 것이 확인되었다. 21세기 IT산업의 핵심원료인 희유금 속광물은 북극권의 콜라 반도, 북시베리아, 그린란드 등지에 세계최 대규모로 매장되어 있다. 남극 크릴을 비롯하여 극지해양생태계가 포함하는 엄청난 양의 생물자원은 전세계 수산물 생산량을 능가할 정도지만 아직 미개발 상태다. 극지해양생태계는 역동적인 만큼 쉽 게 균형이 깨질 수 있으며, 재생가능한 자원도 지속가능한 방법으로 이용하려면 각 국가 간의 협력을 통한 관리가 필요하다.

북극은 경우에 따라서는 북위 66.5도 이상 북극권, 산림생장한계선, 빙하남하한계선, 영구동토선을 지칭하기도 한다. 하지만 보통 7월 평균기온이 섭씨 10도인 등온선의 북쪽 지역을 뜻한다. 또한 북극은 대륙인 남극과 달리 북아메리카와 유라시아 대륙으로 둘러싸인 바다가 대부분이다. 북극점을 중심으로 거의 대부분이 얼음으로 덮여있다. 북빙양은 면적이 1400만 제곱킬로미터로 전 세계 바다의 3퍼센트를 차지한다. 태평양, 대서양, 인도양, 남빙양과 함께 5대양이다. 평균 수심은 1200미터로 겨울에는 얼음으로 덮이고 여름에는 해안부터 얼음이 녹아 얇아지고 약해진다. 또한 여러 대양 가운데 대륙붕 면적이 가장 넓어 북빙양 전체 면적의 70퍼센트를 차지하는 대륙붕에는 화석연료와 광물자원이 많이 묻혀 있다. 북빙양은 거의 완전히 육지로 둘러싸여 바깥으로 거의 통하지 않는다. 연 평균기온은 계절에 따라 영하 16도에서 영상 6도 사이의 분포를 보이고, 최저 기온은 베르호얀스크에서 측정된 영하 70도다. 지난 50년간의 관측에 의하면 겨울철 평균기온의 경우, 지표온도가 10~15도나 상승했다.

  북극지역에는 혹독한 추위, 낮은 일조량과 강수량, 강한 바람 등의 가혹한 환경조건 속에 독특한 생태계가 형성되어 있다. 육지에는 여우, 순록, 늑대, 사향소, 뇌조, 철새, 북극곰, 관목, 이끼류, 허브 등 소수의 동식물군이 형성되어 있으며, 북극해에는 플랑크톤, 고래, 물개, 바다표범, 바다코끼리, 어류, 조류 등이 서식하고 있다. 북극권은 지구 표면적의 6퍼센에 불과하지만 가채량 기준 약 22퍼센트의 미발견 전통 석유, 가스 자원, 금, 다이아몬드, 가스하이드레이트 등 방대한 광물자원이 매장되어 있다. 2008년 미국 지질조사국US Geological

북극지역 대형 석유 · 가스 매장지역(출처: USGS, 2008, Circum-Arctic Resource Appraisal)

구분	원유 (억bbl.)	천연가스 (tcf)	천연가스 액화물 (억bbl.)	총 탐사 자원량 (억boe)
서부 시베리아 분지	36.6	651.5	203.3	1,325.7
북극권 알래스카	299.6	221.4	59.0	727.7
동부 바렌츠 분지	74.1	317.56	14.2	617.6
동부 그린란드 열개분지	89.0	86.18	81.2	313.9
예니세이-카탕가 분지	55.8	99.96	26.8	249.2
아메라시아 분지	97.2	56.89	5.4	197.5
서부 그린란드-동부 캐나다	72.7	51.82	11.5	170.6
랍테프 대륙붕	31.2	32.56	8.7	94.1
노르웨이 가장자리	14.4	32.28	5.0	73.2
Barents Platform	20.6	26.22	2.8	67.0
유라시아 분지	13.4	19.48	5.2	51.1
North Kara Basins & Platforms	18.1	14.97	3.9	46.9
티만-페초라 분지	16.7	9.06	2.0	33.8
North Greenland Sheared Margin	13.5	10.21	2.7	33.2
로모노소프-마카로프 분지	11.1	7.16	1.9	24.9
스베드럽 분지	8.5	8.60	1.9	24.8
레나-아나바 분지	19.1	2.11	0.6	23.2
북부 척치-브랑겔 대륙전사면 분지	0.9	6.07	1.1	12.0
빌키츠키 분지	1.0	5.74	1.0	11.6
북서부 랍테프 대륙붕	1.7	4.49	1.2	10.4
레냐-빌류이 분지	3.8	1.34	0.4	6.4
지란카 분지	0.5	1.52	0.4	3.4
동부 시베리아 해저분지	0.2	0.62	0.1	1.3
호프 분지	0.02	0.65	0.1	1.2
Northwest Canadian Interior Basin	0.2	0.31	0.2	0.9
합계	899.8	1,668.66	440.6	4,121.6

Survey, USGS 보고서에 따르면 북극해에 매장된 석유는 약 900억 배럴, 천연가스는 약 1670조 입방피트로 추정되고 있다.

한 때 아프리카에 관심을 가진 적이 있었다. 부시맨에게 운동화 한 짝만 팔아도 어디냐고 했다. 학창시절 나미비아 친구가 있었다. 서로 어디에서 왔냐고 소개할 때 나는 그 친구의 까만 피부가 신기했고, 그 친구는 내 노리끼리한 피부가 신기했을 것이다. 나미비아를 처음 들어보는 필자에게 그 친구는 나미비아를 이렇게 설명했다. "나미비아는 가난poor하지만, 풍요롭다rich." 정말 딱 맞아떨어지는 표현이 아닐 수 없다.

아프리카는 젊은 시장이다. 그리고, 경쟁이 적다. 그러기에 무한한 잠재력이 있는 토양이다. 하지만 이러한 조건은 동시에 비즈니스를 위한 기본 인프라가 턱없이 부족하다는 것을 의미한다. 이는 인프라 구축을 위한 초기 투자비가 어느 대륙보다 높고, 신뢰성있는 데이터 및 정보수집에 따른 비용이 사업 자체에 투입되는 비용보다 높을 수 있다는 것을 의미한다. 정치적 리스크 또한 여느 지역보다 높아 정부군과 반군 사이의 반목은 인명 훼손까지 감수해야 해서, 결국 사업성이 아무리 좋더라도 파이낸싱 파트너를 구하기 어렵다. 비슷한 수준의 정치적 리스크가 높은 나라라 하더라도 주변국의 에너지 수요 급증으로 개발의지가 있는 국가와 그렇지 않은 국가는 투자여건이 같다고 할 수 없다. 아프리카는 바로 주변국의 개발의지가 상대적으로 낮은 지역이기도 하다.

이에 반해 남미는 아프리카 대륙에 없는 여러 가지 요인을 갖추고 있거나 빠른 속도로 구비해가고 있다. 여기서 중요한 역할을 하는 나라가 바로 브라질이다. 브라질을 향한 투자관심은 이제 브라질만이 아니라 주변국에까지 뻗어가고 있다. 그 이유는 브라질이 경제적으로 번성하면서 주변국과의 관계를 명확히 하려는 의지가 브라질 내부에서 자생적으로 강하게 표출되게 되고, 이에 따라 볼리비아 등 자국 내 수요만으로는 개발이 어려운 자원에 대한 추가적 투자열기가 지속적으로 유지될 수 있기 때문이다.

하지만, 아프리카에 대한 관심에 찬물을 끼얹을 만큼 아프리카에 대한 매력을 감소시킬 만한 요인보다는 관심을 고조시키는 요인은 얼마든지 있다. 특히, 브라질 지역의 암염층에 대한 탐사가 성공함에 따라 이를 재현하길 원하는 투자자가 많기 때문이다. 스페인 렙솔 Repsol이 바로 그 중의 하나인데, 렙솔은 암염층 탐사와 관련하여 아프리카의 시에라리온, 라이베리아, 적도기니의 몇 개 광구에 참여 중이며, 가봉과 앙골라 진출도 고려중이다. 이밖에 미국 쉐브론 및 미국의 독립계 회사인 코발트 인터내셔널 등도 앙골라 내 암염층 하부의 잠재력에 관심을 보인 바 있다. 앙골라 국영 손앙골Sonangol도 2012년까지 앙골라 암염층 하부에 한두 개의 유정을 시추할 계획임을 작년에 밝힌 바 있다.

이에 비해 북극은 영토를 주장하는 북극권국가들로 구성되어 있는 지역이다.

북극은 엄밀히 말하면 북극해다. 브리태니커 백과사전에 의하면, 북극은 북위 약 66도 30분, 구체적으로는 66도 33분 39초 이북의 모든 토지, 하상 및 수역을 포함하는 지역이다. 미국의 북극해연구위원회US Arctic Research Commission, USARC는 북극을 북극권Arctic Circle에 베

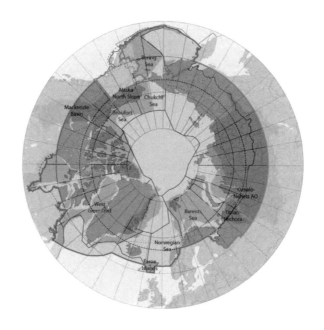

───── 원유와 가스 평가 지역
───── 북극 감시 및 평가 프로그램(AMAP) 지역
·········· 북극권
───── 광역해양생태계(LME) 경계
········· 수목한계선

▨ 주요 북극 원유와 가스 분지

북극해 유가스전 개발 현황

링 해와 알래스카 일부 지역을 포함하는 것으로 넓게 정의하고 있는 반면, 식생 분포에 따라 북극을 달리 정하는 기준도 있다.* 하지만 이

---

* 15 U.S.C. § 4111 (2006). 류권홍(2015) 재인용.

[T]he term 'Arctic' means all United States and foreign territory north of the Arctic Circle and all United States territory north and west of the boundary formed by the Porcupine, Yukon, and Kuskokwim Rivers; all contiguous seas, including the Arctic Ocean and the Beaufort, Bering, and Chukchi Seas; and the Aleutian chain.

책에서는 글로벌 경제의 원천인 에너지자원에 초점을 맞춰 북극위원회가 정한 "북극해 지역에서의 석유·가스개발에 관한 가이드라인 Offshore Oil and Gas Guidelines Arctic Region"와 북극위원회 구성국인 8개 국가들이 주장하는 국경을 반영하여 북극의 범위를 제한하고 서술한다.

즉, 북극의 일부는 아직 영토 구분이 명확하지 않다. 북극은 극한지역으로 사람이 가기 어려워 개발이 미뤄진 지역이 많다. 앞에서 언급한 아프리카와 남미와 같이 정치적 불안정과 제도적 리스크가 투자의 장벽으로 작용한 것이 아니라 물리적으로 진입 자체가 어려워 개발이 지연된 지역이다. 그럼에도 북극을 글로벌 경제에서 가장 중요한 성장동력인 에너지원과 관련하여 메이저 기업들의 관심을 지속적으로 끌어온 이유는 실질적으로 석유와 천연가스가 존재하기 때문이다. 그것도 상당한 양이 존재한다는 것이다.

미국 지질조사국과 노르웨이 스타토일하이드로에 의하면, 석유와 가스의 매장량이 각각 900억 배럴과 1670조 입방피트다. 일반인들이 알기 쉽게 설명하면 석유는 미개발 매장량의 13퍼센트, 천연가스의 경우 전세계 미개발 매장량의 30퍼센트에 이른다. 물론 매장량에 대해서는 어느 누구도 장담하기 어렵다. 그 이유는 경제성이 확인된 매장량과 가채매장량 사이에 큰 간극이 존재하고, 그 기준 또한 국가나 기관마다 상이하기 때문이다. 그러나, 아무리 보수적으로 잡는다 해도 이 매장량은 십 년 이상의 미국경제를 견인하고도 남을 만큼 충분한 양이다.

문제는 25곳의 석유와 가스가 매장되어 있는 곳 중 7개 지역이 경계 분쟁지역이거나 2개 이상의 국경을 공유하는 곳이다. 이들 지역은 동부 바렌츠 분지, 아메라시아 분지, 서부 그린란드-동부 캐나다 지

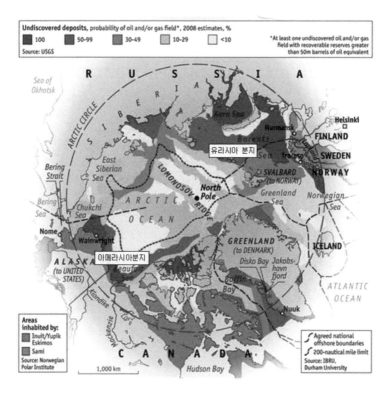

북극해에서 자원매장량이 가장 많은 유라시아 분지와 아메라시아 분지의 위치

역, 유라시아 분지, 로모노소프-마카로프 분지, 북부 추크치-렝겔 포어랜드 분지, 호프분지다. 특히 로모노소프 분지는 러시아가 국경을 주장하는 지역으로 석유와 가스가 상당량 매장되어 있는 곳이다.

이렇게 국경분쟁이 있는 지역은 갈등이 증폭되기도 하지만 때로는 러시아와 노르웨이 사이의 동부 바렌츠 분지와 유라시아 분지와 같이 2010년 경계획정 협약 체결로 분쟁이 광구통합으로 오히려 개발 가능성이 높아지는 경우도 있다. 그러나 덴마크와 캐나다는 한스 섬

소유권을 둘러싼 갈등이 계속되고 있고 미국과 캐나다는 아메라시아 분지에 대해 200 해리를 넘는 대륙붕조약 외에는 양자협약이 진행되지 않고 있다.

이 중 가장 상업적으로 개발이 빠를 것으로 예상되는 지역은 미국 알래스카 지역을 꼽을 수 있다. 이 지역은 299억 배럴의 석유가 매장되어 있다. 국경분쟁도 없어 투자자들의 개발 욕구를 충족시키기에는 단연 최고다.

다음은 아메라시아 지역으로 97억 배럴의 석유와 57조 입방피트의 천연가스가 매장되어 있다. 이 지역은 미국과 캐나다가 개발 관련 기준을 마련하게 되면 개발 가능성이 높아 보인다.

이상의 지역들은 현재 저유가 상황에서 개발이 지연되고 있어 유가 변동에 앞으로 향방이 결정될 것으로 전망된다. 북극은 개발 시기를 단언하기 어려울 정도로 불확실성이 높은 지역이다. 제도 면에서나 경제적인 외부환경 면에서. 그러나 다행인 것은 티모시 타일러의 전망을 빌리자면, 북극의 석유는 70퍼센트 이상, 천연가스는 72.5퍼센트가 경계 분쟁지역이 아니라는 점이다. *

우리나라와 같이 북극에 영토는 없지만 북극을 개발하는데 참여하고자 하는 투자자 입장에서는 보다 중요한 것이 바로 북극의 유가스전 개발제도다. 북극권 국가들은 자국의 자원을 내놓는데 호락호락하지 않다. 러시아는 마피아라는 명성에 걸맞게 북극의 포지셔닝을 자국의 주권과 국가적 이익을 위해 북극을 활용하겠다는 전략*

---

* 2013년 러시아는 북극전략(The Russian Arctic Strategy 2020)을 발표하였음.

이 이미 세워져 있다. 로즈네프트와 가즈프롬은 그 파트너로 노르웨이 스타토일, 중국의 국영석유회사 및 엑손모빌을 파트너로 선택하였다. 이 중 엑손모빌은 2014년 미국의 러시아에 대한 경제제재 이후 협력관계를 철회하였으나 카라 해의 석유개발에 대한 미련을 여전히 버리지 못하고 있다.

미국의 러시아에 대한 경제제재는 러시아를 중국과 손을 잡게 하는 데 결정적인 영향을 미쳤다. 러시아 입장에서는 서방자본이 끊긴 데다, 미국의 비전통 석유와 가스로 저유가가 지속되고 있어 미국이 원망스러울 수밖에 없다.

이와는 대조적으로 미국의 알래스카 지역은 로열티가 12.5~20퍼센트로, 텍사스 주나 노스다코다 주보다는 낮은 로열티를 요구하는 등 북극개발을 위한 세제상의 인센티브를 제공하고 있다. 그러나 다른 지역과 달리 미국 정부는 알래스카 주정부세를 9.4퍼센트로 타 지역보다 높게 설정하고 있는데다 유가스전의 소유권을 주정부에 귀속시키고 있다.

노르웨이는 미국이나 캐나다와 같이 유전과 가스전에 대한 개발권을 부여하지만 로열티를 부과하지 않고 있다. 대신 법인세가 27퍼센트, 생산물세가 51퍼센트로 높은 것이 특징이다.

러시아의 대표 북극사업으로 잘 알려진 야말 프로젝트는 1990년대부터 시작된 오래된 사업이다. 본 사업은 가스전 개발과 가스 파이프라인 사업으로 구분된다. 여타 가스개발 사업과 비슷하게 가스전 지분과 파이프라인 지분이 각각 다르게 구성되어 있다. 가스전은 토탈과 중국의 국영석유공사CNPC가 지분을 나눠가지고 있고, 파이프

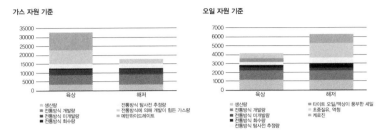

셀시나리오가 제시하는 천연가스와 석유의 매장량 비교(육상 대 해양)

라인은 가즈프롬과 노바텍이 각각 75퍼센트와 25퍼센트로 지분투자를 한 상태다. 야말 프로젝트가 2013년 중국의 투자결정이 확정되면서 급물살을 탔지만 노바텍에 대한 서방의 경제제재는 재원조달을 어렵게 하고 있다. 게다가 노바텍이 빠져나가게 되면서 중국자본에 더욱 의존하게 되는 비즈니스 구조는 최근 중국의 성장둔화로 인해 경제성이 확보되기 어려운 상황이다.

그러나 최근 무디스가 내놓은 분석에 의하면 야말 프로젝트에 대한 채권발행이 12억 달러나 되는데도 긍정적이라고 평가되면서 다시 본 사업으로 인한 북극항로가 결국 열리게 될 것으로 전망된다.

셸의 씽크탱크인 셸시나리오Shell Scenarios가 전망한 자료에 의하면, 현재의 인구증가 추세를 고려할 때 2050년의 에너지수요가 현재의 두 배 가까이 증가하면, 향후 에너지 공급계획에 북극해 개발을 포함해야 할 것으로 보인다. 그렇다고 북극해 원유가 중동산 원유를 대체한다는 것은 무리가 있을 것이다. 즉, 북극의 에너지자원 개발은 "에너지안보"와 북극항로 이용에 따른 "새로운 경제 요충지"가 마련된다는 점에서 긍정적으로 평가되어야 할 것이다.

북극 에너지자원에 대한 관심이 국내에 전혀 없었던 것은 아니다. 필자가 한국가스공사에 근무하던 2010년으로 거슬러 올라가 보자. 당시 북극을 방문하여 보퍼트 해의 해상 유전에 대한 투자가능성을 타진한 적이 있다. 또한 에너지기업의 사업다각화를 위해 극한지의 배관건설에 한국기업의 기술협력 방안을 모색하는 것이 또 다른 방문 목적이었다.

북극이사회의 회원국 중 하나인 캐나다는 당시 국내기업과의 파트너십에 관심이 많았고, 그때 방문한 기업인 알타가스Alta Gas는 바로 그런 기업 중의 하나였다. 알타가스는 배관건설과 운영면에서 한국가스공사와 기술교류 여지와 증자에 필요한 투자비 조달에 관심이 많았다.

당시 일행들은 캐나다 노스웨스트 준주Northwest Territory의 주정부 원주민인 이누빅 시장도 포함되어 있다. 원주민 시장이라면 독자들은 의아할 것이다. 왜 원주민 시장을 만났을까? 원주민은 북극개발과 관련한 이슈 중 가장 중요한 세 가지 중 하나다. 다른 하나는 투자법을 포함한 제도, 나머지 하나는 매장량이다.

그만큼 원주민은 중요한 이슈인데 그 이유는 원주민이 지분구성에 참여한 유가스전이 상당하기 때문이다. 노스웨스트 준주는 잠재매장량이 92조 입방피트에 달한다. 가스가 44조 입방피트, 석유가 170억 배럴에 달한다. 가스하이드레이트는 3500조 입방피트로 일본석유천연가스금속광물자원기구JOGMEC과 공동조사를 함께 시행한 바 있다.

한때 세간의 관심사였던 맥킨지 가스 프로젝트의 경우도 APGAborIginal Pipeline Group가 3분의 1의 지분을 확보하고 있다. APG

캐나다 맥킨지 프로젝트의 위치

는 3개의 원주민 부족으로 구성된 회사다. 이처럼 원주민의 사업 참여는 다양한 형태의 비즈니스 모델로 나타난다.

맥킨지 프로젝트는 당시 162억 달러가 소요되는 방대한 프로젝트다. 동토지역인 관계로 파이프라인 건설과 해상 가스전 탐사와 개발이 계절에 따라 한시적으로 이루어질 수밖에 없어 건설기간이 늘어나면서 비용이 증가할 우려가 현실이 된 사업이다. 알려진 바에 의하면 예상보다 40퍼센트 비용이 증가했다고 한다.

게다가 복병은 사실 날씨보다 셰일가스였다. 가격경쟁 면에서 셰일가스가 우위에 서면서 맥킨지 사업은 아직까지도 지지부진한 상황이다.

2016년 1월 필자는 북극을 세 번째 방문했다. 처음은 시베리아 우렌고이 북쪽, 두 번째는 알래스카 페어뱅크스, 그리고 노르웨이 트롬소. 시베리아는 국제가스연맹 지속가능분과위원회 활동시절에 가즈프롬이 유치한 분과회의를 참석하기 위해서였고, 알래스카는 북극에너지정상회의 발표 차 페어뱅크스에 들렀다. 노르웨이는 북극프런티어회의Arctic Frontiers 2016에 참석하기 위함이다. 셋 다 각기 다른 국가에 속한 북극이다.

러시아, 미국, 노르웨이. 이 세 국가가 보유하고 있는 석유와 천연가스는 현재 전세계 생산량의 30퍼센트와 37퍼센트를 차지한다. 즉, 거의 삼분의 일을 이 세 지역에서 공급한다는 얘기다. 이만하면 이 세 국가가 석유와 천연가스 시장을 쥐락펴락할 수 있는 위치라고 할 수 있다. 그것도 북극권 8개 국가 중 세 국가만 해도 이 정도이니 북극은 글로벌 경제의 에너지 원천이라 해도 과언이 아니다. 더 중요한 것은 북극은 우리 미래 에너지의 보고라는 점이다.

1.3 기후변화의 중심인 북극: 기후변화와 북극의 꼬리 물기

북극과 남극은 태양에너지의 반사율이 70퍼센트 이상인 눈과 얼음으로 덮여있다. 최근 기후변화의 영향으로 눈과 얼음이 녹으면서 지표에 흡수되는 태양에너지의 양이 급격하게 증가하고 있다. 이로 인하여 북극의 온난화가 심각하다. 그 결과 북극은 과거 50년간 겨울철 평균 기온이 10~15도나 상승했다. 즉, 산업혁명 이후 전 지구의 평균온도가 약 0.7도 상승한 데 반해, 북극은 평균온도가 2.5도 이상 상승하여 그 증가폭이 지구평균의 2배 이상이다. 이를 얼음 반사 피드백이라고 한다. 즉, 눈과 얼음으로 덮인 지역의 온도변화가 태양광

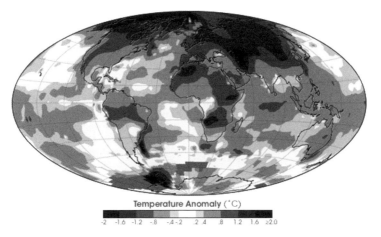

Temperature Anomaly (˚C)

-2 -1.6 -1.2 -.8 -.4 -.2 .2 .4 .8 1.2 1.6 ≥2.0

미국 NASA가 공개한 북극 온난화 집중 현상을 나타낸 그림

의 반사율에 영향을 미치고, 다시 그 지역의 온도변화를 가속화시키는 메커니즘이다.. 이를 눈으로 확인할 수 있는 자료가 바로 위의 그림이다. 이 그림은 미항공우주국이 제공한 것으로, 장기적인 지구온난화 추세를 색깔로 표현한 것이다. 색이 짙을수록 온난화가 심각하고 옅을수록 덜 하다는 뜻이다.

여기서 보면 북극이 짙게 표시되어 있는 것을 볼 수 있다. 즉, 북극의 온난화가 어느 지역보다도 더 심각하다는 것을 알 수 있다. 이렇게 미항공우주국이 북극의 기후변화 영향을 심각하게 다루는 이유는 현재까지 보여준 온도상승 속도도 그렇지만 앞으로 그 속도가 더 급격히 상승할 우려가 있기 때문이다. 이 여파는 북극해의 해빙이 감소하면서 발생했다. 미항공우주국이 관측한 자료를 보면 1978년 이후 해빙의 양이 최근 들어 급격히 감소하는 것을 볼 수 있다. 지난 30여

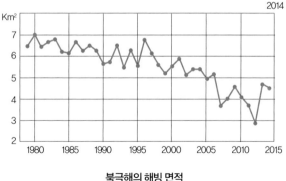

2014

북극해의 해빙 면적

년 동안 북극 여름의 해빙 면적은 1970년대 750만 제곱킬로미터에서 2000년대 450만 제곱킬로미터로, 300만 제곱킬로미터나 감소하였다. 이러한 현상은 과거 1500년 중 최근 20~30년 사이에 집중되어 나타났다.

또한 해빙은 그 양이 감소하는 것도 문제지만, 해빙이 이동하는 것도 기후변화 요인 중 중요한 부분이다. 러시아 서부 해빙 남쪽 한계선은 1970년에서 2005년 사이에 북쪽으로 30 내지 80킬로미터나 이동하였다. 이러한 해빙의 이동은 북극 생태계의 서식지 변화에 직접적인 영향을 미치고 있다.

또한 북극의 해빙 감소가 북극 상공에 있는 거대한 소용돌이polar vortex의 강도를 약화시켜 소용돌이 안에 갇혀있던 북극의 냉기가 중위도 지역까지 내려와 한파를 몰고 오고, 북극해상의 수증기 량이 증가하면서 유라시아 지역의 폭설이 증가하고 있다.

다음은 해수의 심층순환이 북극의 그린란드 해역과 남극의 웨델해 같은 극지에서 발원해서 차가운 심층해류가 따뜻한 표층해류와

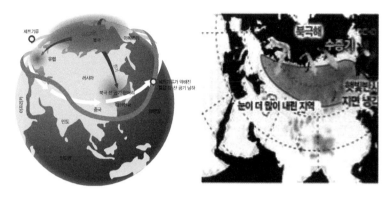

북극의 해빙 감소로 소용돌이가 발생하는 현상

(출처: (왼쪽)극지연구소, (오른쪽)MBC 뉴스방영자료)

함께 순환되면서 전체적으로 온도상승과 급격한 기후변화를 유발하고, 해빙이 녹아 지구전체의 해양에 녹아들면서 염도에 영향을 미쳐 해류의 흐름에 변화를 가져온다는 것이다. 또한 동토층 아래에 매장

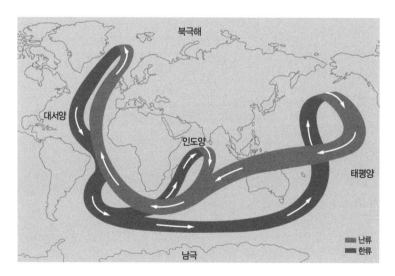

심층해수 흐름 개념도

된 다량의 이산화탄소와 메탄이 분출될 경우, 온실효과가 증폭될 위험이 있다.

이와 같이 북극은 지구 환경의 작은 환경변화에도 쉽게 영향을 받을 뿐 아니라, 반대로 북극에서 일어나는 변화가 지구전체에 다시 영향을 미친다. 즉, 북극과 기후변화는 서로 꼬리물기를 하는 셈이다.

2015년 여름은 어느 해보다도 더웠다. 좋아하는 선배로부터 전화가 왔다. 날씨와 소비 관련 빅데이터를 입수했다는 소식이었다. 2015년은 소비를 짐작하고 경기를 전망할 수 있는 데이터가 아주 간절하다. 아마 1년 후 이 글을 다시 보면 창피할 수도 있을 것 같다. 왜냐면 2016년은 더 더울 수도 있고 경기가 더 나쁠 수도 있으니까. 그럼에도 불구하고 이 더운 여름에 이 글을 쓰는 이유는 기후변화가 가속화되고 있고 북극이 기후변화의 소용돌이 중심에 있기 때문이다.

제21차 기후변화협약 당사국총회에서 채택한 파리합의문의 선언적 목표는 지구의 온도를 산업화 이전과 비교할 때 평균기온 상승을 1.5도 이하로 제한하자는 것이다. 또 파리합의문 내용에서 주목할 것은 교토의정서가 감축을 우선시 한데 반해 이번 신기후체제는 '감축'과 '적응'의 균형이 강조했다는 점이다. 그 배경에는 지역별로 기후변화의 피해가 상이하고, 이상기후 현상 또한 다양해지면서 전지구적 탄소 순환계에 대한 관심이 고조되었기 때문이다.

탄소의 순환은 수억 년에 걸쳐서 일정한 속도로 계속되어 왔지만 최근 수십 년 사이에 인류의 경제활동에 따른 에너지사용 증가에 의하여 다음 그림과 같이 탄소순환의 교란이 점차 가속화되고 있다. 지

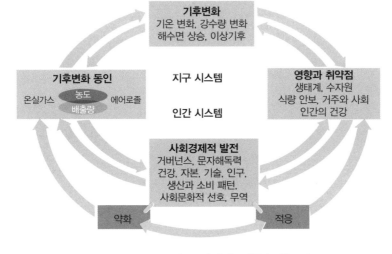

기후변화가 인간과 지구시스템에 미치는 영향에 대한 모식도

역별로 북극과 남극의 온도상승은 어느 지역보다도 더 빠른 것으로 나타났는데 이는 해빙속도가 가속화*되는데 직접적인 영향을 미칠 뿐만 아니라 해수면 상승은 물론 북극과 남극의 생태계 균형까지 위협하고 있다.

물론 현재의 온난화현상에 대해 반론을 제기하는 연구도 다수 있다. 예를 들면 조지 쿠클라*와 리처드 닷지** 및 민즈 스타위버***의 과거 기후변화 기작 연구는 현재보다 최대간빙기의 기온이 0.5～2도 높았고 해수면도 약 6미터 높았다는 주장이 가능하다.

그러나 현재의 기후변화 추이는 온도상승이나 하락의 단순한 방향성이 문제가 아니라 기후변화의 변동성과 관련한 불확실성이 크다

* 1980년 이후 10년마다 11%씩 계속 감소 추세

는 데 관심이 집중되고 있고, 북극과 남극의 해빙이 이러한 불확실성
을 증폭시킨다는 점이다. 게다가 기후변화 변동성 문제는 인간을 포
함한 생태계에 직간접적으로 상호작용을 통하여 불균형을 초래할 우
려가 증폭되고 있다.

The Gl🌐bal Arctic

2장
북극과 에너지 시장

이 글을 쓰는 2015년 가을은 유난히도 아름다웠다. 이와 대조적으로 알래스카의 하늘은 비 아니면 눈이 내렸다.

2015년 9월 말, 북극이사회 의장국인 미국이 강조한 에너지 관련 행사가 알래스카 페어뱅크스에서 열렸다. 정식명칭은 북극에너지정상회의Arctic Energy Summit로, 에너지 관련 업계와 정부, 학계가 모여 지속가능한 개발 차원의 에너지정책과 시장에 대해 논하는 장이었다. 마침 회의가 열리는 날 아침에 묵고 있던 숙소가 정전되었고, 회의장도 마찬가지였다.

필자가 발표하기로 한 8시 30분 아침 첫 세션은 오디오와 비디오 장비만이라도 갖추기 위해 9시로 연기되었다. 폭설로 정전이 됐던 터라 회의장은 매우 추웠다. 그래도 약속한 9시가 되어 회의 진행을 맡은 닐스 앤더슨이 단상에 올라 오전 세션을 알렸다. 무사히 발표를 마치고 다음 일정을 위해 공항으로 가던 필자는 이번 정전이 간단하지 않다는 것을 알게 되었다. 그것은 주유소까지 정전으로 되어 차에 기름을 넣을 수 없다는 것이었다. 계기판을 읽을 수 없으니 기름을 넣을 수 없다는 것이다. 북극의 전력난이 피부로 와 닿았다.

국제회의 도중에 필자가 경험한 정전은 이번에 두 번째이고, 아이러니하게도 둘 다 에너지관련 회의였다. 필자가 정전을 겪은 영광의 첫 번째 에너지회의는 브라질 리우(이후 리우 정전이라 하자)에서였다. 리우 정전은 한 30여 초 된 것 같다. 한참 누군가가 열심히 발표를 하던 도중이어서 발표를 듣던 청중들의 신경은 암흑과 정적 덕분에 민감해져 옆 사람의 숨소리가 들릴 정도였다.

정전이 있었던 두 나라, 미국과 브라질은 에너지자원이 풍부한 나라다. 그런데 어떻게 정전이 발생한 것일까? 바로 에너지안보가 공급위주로 추진되었기 때문이다. 에너지안보는 필요이상 에너지가 남는 전략이 필요한 것이 아니다. 수요에 맞게 에너지가 공급되면 된다. 미국의 페어뱅크스는 인구밀도가 높은 곳이 전혀 아니다. 서울의 인구밀도가 제곱킬로미터당 1만6659명이라면, 리우는 4781명, 페어뱅크스는 149.8명에 지나지 않는다.

즉, 두 도시 모두 인구밀도가 높아 에너지수요가 커서 정전이 난 것이 아니라는 것이다. 두 도시 모두 수요관리에 실패한 것이다. 게다가 두 도시 모두 전력생산에 있어서 페어뱅크스는 석탄, 리우는 수력에 전적으로 의존한다는 점이다. 리우 정전이 일어났을 때 가뭄이 심각했다고 한다. 수력발전을 사용하는 지역은 강수량이 곧 전력원을 결정한다. 요즘같이 이상기후가 심각한 상황에서 수력에만 의존하는 전력시스템을 가지고 있다는 것은 보통 배짱이 아니라고 할 수 있다. 이에 비해 페어뱅크스의 정전은 하루에 걸쳐 일어났으므로 더욱 심각하다. 페어뱅크스의 정전은 전력원이 석탄에 집중되어 있는 것도 문제지만 폭설로 설비가 중단되는 사태가 빈번하다는 것이다. 이것은 수요관리 시스템을 나무라기가 무색하다.

이렇게 에너지는 수요관리제도라고 하는 소프트웨어와 공급설비라고 하는 하드웨어가 균형을 잘 이루어야 그 혜택을 극대화할 수 있다.

2장에서는 북극이 에너지안보와 에너지시장, 에너지정책면에서 얼마나 중요한 요충지인지에 대해서 설명하고자 한다.

2.1 북극과 에너지안보

국제에너지기구International Energy Agency, IEA가 정의하는 에너지안보는 에너지에 대한 수요가 존재할 때 적당한 가격으로 에너지 공급이 가능한 상태를 의미하며, 이때 공급가능한 상태는 어떠한 상황으로부터 방해받지 않는 상태를 뜻한다. 에너지안보는 장기적인 관점에서 경제발전 속도에 맞춰 에너지공급에 필요한 투자가 제때 이루어져야 가능하다. 반면, 단기적인 에너지안보는 수급균형의 급변에 대응하는 능력을 말한다.

에너지안보에 대한 중요성이 미국의 에너지정책에 크게 부각되기 시작한 것은 바로 1944년 사우디아라비아에 석유가 발견되어 미국과 사우디아라비아가 석유 관련 제1차 비밀협정을 체결하면서부터다. 이후 제1차 석유파동 직후인 1974년에 양국이 제2차 비밀협정을 체결하는 등 중동지역은 미국의 에너지 외교정책의 중심으로 자리잡게 된다. 1975년 에너지정책 및 비축법을 제정하고, 1980년에는 카터 행정부가 에너지안보법을 제정한다. 2001년 부시 행정부가 들어서면서는 국내소비를 감축하는 전략에서, 재생에너지 활용과 알래스카 유가스전 개발을 통해 석유수입을 줄이는 방향으로 선회한다. 이렇게 에너지원을 다변화하는 전략은 국내생산을 늘려 해외석유 의존도를 줄이자는 의도에 초점을 맞추는 것이다. 이로써 미국은 1977년 석유수출국기구Organization of Petroleum Exporting Countries, OPEC로부터 원유 수입 비중이 전체의 70퍼센트에 달하던 것이 2010년에는 50퍼센트 수준으로 감소하게 된다.

에너지안보는 정치 · 경제적 의미와 군사 · 외교적 의미로 구분된다. 본 장에서는 미국 입장에서 바라본 정치 · 경제적 의미의 에너지안보와 군사 · 외교 전략 차원의 에너지안보 관계에 대하여 서술할 것이다.

에너지안보의 정치 · 경제적 의미는 미시적 접근과 거시적 접근으로 나뉜다. 크리스토프 뵈링거와 마르쿠스 보톨라메디가 제시한 에너지안보 지표에는 1차 에너지에 대한 의존도, 1차 에너지 수입 의존도, 에너지 수송방식에 대한 의존도 등이 있다.[*] 이러한 지표는 미시적 접근에서 에너지안보를 1차 에너지 수입비용과 수송에 따른 리스크로 정량화했다는 데 의의가 있다. 반면 공급과 관련한 에너지안보는 매장량 자체의 증감과 추가공급이 탄력적인지에 따라 달라질 수 있다. 이러한 미시적인 접근방식은 에너지안보 위험요인으로 인하여 에너지비용이 상승하고 궁극적으로는 생산비용이 증가함에 따른 자국의 경쟁력 저하에서 그 효과를 제한하게 된다. 그러나, 에너지안보에 대한 재해석은 달러약세 혹은 달러강세로 이어지는 파급효과, 즉 글로벌 경제에 미치는 영향에 더 비중을 둔다. 따라서 본 장에서는 미시적 접근과 거시적 접근방식을 통하여 미국의 에너지안보 위협요인과 파급효과에 대하여 인과관계를 설명하고자 한다.

미시적 접근 차원에서의 미국의 에너지안보는 공급안정성과 가격안정성에 주안점을 둔다. 미국은 에너지 집약적인 산업구조를 가진 세계적인 에너지 다소비국가로서, 높은 화석연료 의존도를 보이며, 그 대부분을 해외수입에 의존하고 있다. 따라서 에너지비용이 에너지수입원에 따라 크게 좌우되는 구조를 안고 있다. 이는 에너지안보가 자국의 경제에 미치는 영향이 직접적임을 의미한다.

미국의 공급안정성 차원의 에너지안보는 글로벌 에너지시장의 매장량 추이에 자국 내 유가스전의 매장량에 따라 변화한다. 북극 에너지는 미국의 에너지안보에 어느 정도의 비중을 차지하나? 그것은 다음 표에 나타난 바와 같이, 석유와 가스 모두 자국 내 매장량의 3분의 1을 차지한다. 즉, 북극은 에너지안보에 있어 미국의 소중한 자산이다.

해상 유가스전 매장량(Undiscovered Technically Recoverable Resources)

	석유(bbl)	가스(tcf)	석유(비중,%)	가스(비중,%)
알래스카	26.61	132.06	31.0	31.5
대서양	3.82	36.99	4.4	8.8
멕시코 만	44.92	232.54	52.3	55.4
태평양	10.53	18.29	12.3	4.4
합계	85.88	419.88	100	100

(출처: BOEMRE(2006) 재인용)

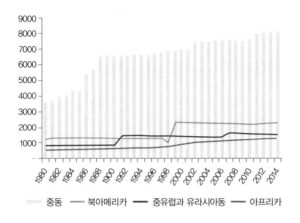

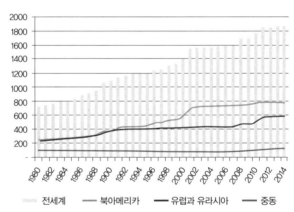

중동 ── 북아메리카 ── 중유럽과 유라시아동 ── 아프리카

전세계 ── 북아메리카 ── 유럽과 유라시아 ── 중동

BP의 세계 석유매장량(위)과 가스매장량(아래) 추이(단위: 십억 배럴(위), TCM(아래))

BP가 〈에너지 전망 2035〉에서 제시하는 석유 매장량 추이는 다음 그림과 같이 1980년대 석유파동 이후 유전개발에 대한 투자 급증을 보이다가 이후 완만한 증가세에 있다. 특히 북미지역의 증가세가 2000년을 기점으로 크게 두드러진다. BP에 의하면, 2035년 세계 원유시장의 3분의 1을 미국, 러시아, 사우디아라비아가 공급할 것으로

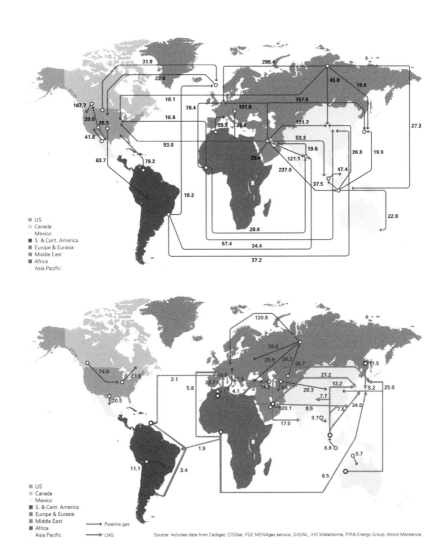

2014년 세계 석유(위)와 천연가스(아래) 교역량(출처: BP Statistical Review(2015))

전망되고, 이러한 추세가 계속 될 경우 미국은 2021년에 에너지 자급자족이 가능할 것으로 전망된다. 한편 석유수출국기구의 원유시장 시장점유율은 2013년과 비슷한 수준인 40퍼센트를 2035년까지 유지할 것으로 보인다.

이와는 달리 천연가스 매장량은 북미의 셰일가스 붐에도 불구하고 러시아와 중동의 매장량이 73.8퍼센트(2014년 기준)에 달한다. 특히 천연가스는 석유와 달리 배관망과 저장설비 등 역내 인프라가 충분히 마련되어야 공급안정성이 보장된다. 북미 지역은 파이프라인 설치에 따른 정치적 리스크가 상대적으로 낮은 편이다. 따라서 북미 지역의 천연가스 공급안정성은 다른 지역 대비 양호한 편이다. 이를 석유와 천연가스의 세계 교역량을 통해 미국의 공급안정성을 비교하면, 천연가스 공급안정성이 석유의 공급안정성 대비 우수한 것을 알 수 있다. 즉, 앞 페이지 그림의 석유 교역량을 보면 미국은 아직 중동과 북아프리카로부터의 수입에 의존하고 있다. 이는 절대적인 물량 공급은 물로 추가적인 공급여력이 천연가스에 비해 떨어짐을 의미한다. 이로 인하여 미국의 에너지안보는 석유 공급원의 다변화전략에 초점을 맞추고 있음을 유추할 수 있다.

앞의 그림이 시사하는 바는 에너지 패권이 아직도 러시아와 중동에 집중되어 있음을 알 수 있다는 점이다. 이는 미국정부로서 에너지 안보는 단지 자국의 에너지 자립도에만 초점을 맞출 수 없는 이유이기도 하다. 사실 최근에 있었던 우크라이나 사태만 하더라도 러시아에 천연가스 매장량이 없었다면 일어나지 않았을 수도 있는 정치상황이다.

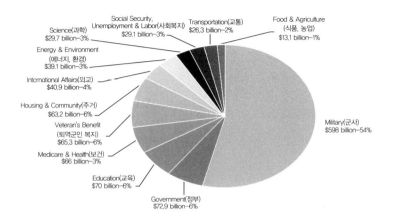

Science(과학)
$29.7 billion—3%

Social Security,
Unemployment & Labor(사회복지)
$29.1 billion—3%

Transportation(교통)
$26.3 billion—2%

Food & Agriculture
(식품, 농업)
$13.1 billion—1%

Energy & Environment
(에너지, 환경)
$39.1 billion—3%

International Affairs(외교)
$40.9 billion—4%

Housing & Community(주거)
$63.2 billion—6%

Veteran's Benefit
(퇴역군인 복지)
$65.3 billion—6%

Medicare & Health(보건)
$66 billion—3%

Education(교육)
$70 billion—6%

Government(정부)
$72.9 billion—6%

Military(군사)
$598 billion—54%

2015년 미국 공공부문 재정 구성 (출처: 미국 국방부(2015))

　미국의 에너지안보는 자국 산업의 경쟁력은 물론 군사력에도 영향을 끼친다. 이러한 단면을 보여주는 통계가 바로 미 국방부 예산규모와 구성이다. 다음 그림은 2015년 미국 정부 예산의 구성을 보여준다. 즉, 연방정부차원에서 사용하는 예산 중 54퍼센트를 군사가 차지하며 그 규모가 6000억 달러에 이른다. 이와 같이, 에너지안보는 미국의 정치경제적 이슈와 군사안보적 이슈가 복합적으로 맞물린 국정우선과제라 할 수 있다.

　오바마 정부의 에너지관련 외교정책은 앞에서 언급한 국제원유시장이 석유수출국기구 중심에서 미국을 비롯한 다양한 시장참여자들의 비중이 증가함에 따라 중동과 관련한 지정학적인 이슈의 비중이 줄어드는 효과를 가져왔다. 이는 오바마 정부가 시장중심적인 정책을 에너지정책이나 기후정책에 적용한 결과다. 그러나, 그렇다고 해서 군사 외교차원에서의 미국의 지배력을 포기했다는 것은 아니다.

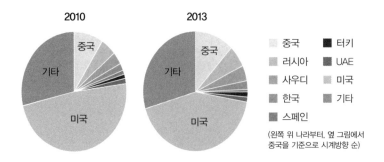

전세계 국방비 중 미국이 차지하는 비중 변화(출처: 미국 국방부(2015))

즉, 대외환경에 덜 의존적인 에너지안보정책을 강조함으로써 외교적인 부담을 줄이는 효과를 가져왔다고 평가할 수 있다.

특히 부시 정부가 선제공격론의 이데올로기적 토대를 마련했다면, 오바마 정부의 외교정책은 "우리가 제일 좋은 망치를 갖고 있다고 세계의 모든 문제를 못으로 봐서는 안 된다"는 표현으로 함축된다. 그럼에도 불구하고 현재 미국을 비롯한 전세계가 처한 상황은 IS 테러 등 중동지역의 정세와 분리될 수 없는 정치외교적 문제에 직면하고 있다. 이를 반증하는 것이 오바마 정부에 와서 미국이 전세계 국방비에서 차지하는 비중은 여전히 세계 1위 자리를 차지한다는 것이다.

그러나, 미국의 국방비는 1장에서 언급한 바와 같이 러시아와 중국의 비중이 최근 5년 사이 급격히 증가한 것과는 대조적으로 감소추세에 있다.

대외적으로 미국정부는 2009년 코펜하겐 기후변화 회의에서 2020년까지 온실가스배출을 2005년 대비 17퍼센트 낮은 수준으로 줄이겠다고 약속하였다. 이번 제21차 기후변화협약 당사국총회에서 오바마 대통령은 실질적인 감축에 있어 개도국도 예외가 될 수 없음을 강조한 바와 같이 미국의 온실가스 감축정책은 에너지-기후 외교 차원에서 리더십을 놓치지 않겠다는 강한 의지를 반영했다고 평가된다.

가격안정성 차원의 에너지안보는 유가가 대부분의 에너지 계약의 가격공식에 포함되고 결제시스템이 달러화로 된다는 태생적 문제에서 출발한다. 특히 에너지원 중 가장 가격변동성이 큰 천연가스의 경우, 장기계약을 체결할 때 가격공식이 원유와 이자율에 연동하는 구조를 가지고 있어 거시적인 분석이 수반되어야 한다. 즉, 석유와 천연가스를 수입하는 국가는 물론 수출국 또한 유가의 변화에 민감할 수밖에 없다. 물론 천연가스 수출국가 입장에서도 유가와 환율이 가장 큰 시장리스크로 작용한다.

다음 표는 미국 상공회의소가 에너지다소비국가 25개국을 대상으로 2015년에 작성한 국제 에너지안보 리스크 지수International Index of Energy Security Risk다. 이 자료에 의하면, 미국은 OECD 평균보다 에너지안보에 대한 리스크가 국가 중 6위를 차지한 것으로 나타났다. 한국은 22위로, 에너지안보에 대한 리스크가 취약한 것으로 나타났으며, 주목할 것은 중국과 러시아가 OECD국가 평균보다 에너지안보 리스크가 높다는 점이다. 이렇게 미국이 에너지안보 성적이 양호하게 된 것은 자국 내 석유 수출이 북미시장을 대다수 점유하게 됨으로써 자국 내 공급여력은 물론 역내 수급균형을 위해 기여한 바가 크기 때문이다.

그러나, 위의 표는 2010년 이후 급격하게 증가한 자국 내 비전통에너지 생산에 힘입어 리스크가 감소한 상황, 즉 2013년 데이터에 의거

에너지다소비국가 대상 에너지안보 리스크 지수 순위

국가	리스크 지수	순위	국가	리스크 지수	순위
노르웨이	774	1	이태리	1,043	13
멕시코	802	2	터키	1,087	14
덴마크	819	3	일본	1,088	15
뉴질랜드	855	4	네덜란드	1,106	16
영국	866	5	러시아	1,115	17
미국	885	6	인도	1,164	18
캐나다	893	7	인도네시아	1,164	18
OECD 평균	912		중국	1,172	20
프랑스	942	8	남아공	1,175	21
독일	944	9	한국	1,306	22
호주	962	10	브라질	1,307	23
폴란드	987	11	태국	1,616	24
스페인	1,037	12	우크라이나	2,009	25

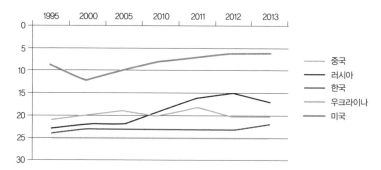

주요 에너지다소비국가의 에너지안보 리스크 순위(출처: World Bank(2015))

하여 작성된 것이다. 미국이 그 동안 에너지안보를 강조할 수밖에 없
었던 정황은 다음 그림과 같이 경제성장에 있어 에너지비용에 대한

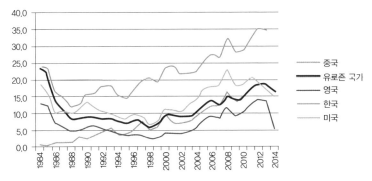

전체 수입품목 중 에너지수입이 차지하는 비중(단위: %)(출처: World Bank(2015))

부담이 유로존보다 상대적으로 컸기 때문이다.

위의 그림에서 보면, 미국의 경우 2010년 이후 전체 수입품목 중 에너지수입 비중이 급격히 감소하고 있다. 2012년부터는 유로존 보다 낮은 비중을 기록하게 된다. 즉, 에너지안보 리스크가 확연하게 감소한 것은 다음 그림에서와 같이 최근이며, 200년에는 10위 밖으로 밀려났다. 반면 러시아는 20위권에서 2005년 이후 10위권 대에 진입하게 된다.

미국은 경제규모가 가장 큰 국가이자 인구가 세 번째로 크고, 두 번째로 에너지소비가 가장 큰 국가이다. 2013년 기준, 미국은 러시아와 사우디아라비아에 이어, 세계에서 세 번째로 큰 원유생산국이다. 게다가 천연가스 생산이 가장 많은 국가이면서 석탄생산은 중국에 이어 세계 2위를 차지하고 있다.

미국의 에너지외교정책은 이렇게 자국이 에너지수출국으로 돌아선 것과 최근 정세를 반영하듯, 복잡한 지정학적 이슈를 중심으로 변화하고 있다. 특히 미국으로서는 에너지소비국으로서 가장 큰 중국에 대해서는 셰일가스의 기술이전을 통해 경제적 이익을 챙기고 싶어한다. 또한 가스를 무기로 유럽은 물론 우크라이나 등 주변국을 압박하는 러시아에 대해서는 견제를 할 필요가 있다. 러시아에 대한 경제제재가 중국-러시아 공조를 공고히 하는 역효과를 우려하기 때문이다. 즉, 미국의 에너지외교 전략은 석유와 가스가 상이할 수밖에 없다. 즉, 석유시장에서 미국의 입장은 석유수출국기구의 힘을 분산시키는데 있는 반면, 가스시장의 경우 러시아의 힘이 극동아시아까지 발휘되지 않도록 하는데 있다. 이런 연유로 인하여 미국은 아시아로 향하는 액화천연가스 터미널 건설에 대해 승인을 서두르고 있다.

이러한 국제 에너지시장 내에서 미국의 입장을 고려하여 미국의 에너지외교 전략을 지역별로 나누며, 크게 미국과 중국의 기후-에너지 공조, 러시아-이란-터키 삼각구도 내 미국의 영향력 변화, 사우디-미국 등 중동 내 미국의 외교전략 변화, 아태지역 내 에너지시장 주도권 변화, 북극이사회 내 의장국으로서의 미국의 리더십 발휘 등으로 구분하여 살펴볼 수 있다. 지역별로 지역구도 내 미국이 처한 입장이 다르듯이 각각의 외교정책도 상이한 것은 사실이나, 전반적으로 미국이 군사력이나 정치력을 행사하기 보다는 경제적 제재와 시장지배력 강화 등 시장을 적극적으로 활용하는 전략을 취하고 있다. 이는 브루킹스 연구소가 지적한 바와 같이, 2014년 IS 사태가 증폭함에도 불구하고 원유가격이 하락하는 것만 봐도 에너지안보의 이슈메이커가 더 이상 중동 중심에서 중국, 러시아, 아태지역으로 분산되었다는 점이다.[■]

특히, 2015년 12월 초에 있는 석유수출국기구 회의에서도 대부분의 회원국들이 전반적인 생산 감축을 원하는 반면 이란의 생산개시가 가져오는 수급변화는 가격하락을 면하기 힘들 것으로 예상된다. 특히 석유수출국기구 회원국의 원유생산이 세계 원유생산의 40퍼센트에 머물고 있다는 점도 미국을 위협하는 에너지안보 위협요인의 그 영향력이 줄어들고 있다는 점도 미국의 에너지외교정책이 변화를 가져오는 배경으로 작용하고 있다.

최근 터키의 러시아 전투기 격추로 불거진 러시아-이란-터키 트라이앵글은 이란에 대한 경제제재가 내년에 풀리는 것과 맞물려 에너지관련 지정학적인 이슈 중 가장 큰 관심을 끌고 있는 지역이다.

터키는 이란과 러시아로부터 천연가스는 80퍼센트를 원유는 70퍼센트 정도를 각각 수입하고 있어 에너지안보 면에서 양국에 의존하는 것처럼 보이지만 실상은 그 반대이다. 물론 터키의 에너지 수입이 전체 에너지소비의 74퍼센트에 이르고 있지만, 터키는 러시아, 카스피 해, 중동에서 생산되는 에너지를 이동하는 주요한 허브다. 아래 표를 보면, 이란은 터키를 관통하는 '트랜스 아나톨리아 가스관'을 이용하지 않으면 유럽으로 천연가스를 수출하기 어렵고, 러시아 또한 마찬가지 상황이다. 터키는 원전과 신재생에너지 보급으로 화석연료에 대한 해외의존도를 줄이고자 한다. 이러한 맥락에서 터키는 러시아와 아쿠유Akkuyu 지역에 원전건설 계약을 체결한 바 있다.

또한 터키는 러시아에게 그 동안 우크라이나에게 의존했던 공급루트를 분산하는데 일익을 한다. 동시에 터키는 북대서양조약기구North Atlantic Treaty Organization, NATO의 최전선으로, 미국으로서는 터키가 유럽권의 군사적 요충지이기도 하다. 여기에 북대서양조약기구의 회원

터키를 경유하는 주요 천연가스 파이프라인

프로젝트	상태	목적	길이 (miles)	최대 수송용량 (Bcf/y)
Blue Stream	운영중	러시아 가스 수입	750	565
Iran–Turkey pipeline	운영중	이란 가스 수입	750	495
South Caucasus	건설중	터키, 그리스, 이탈리아의 가스 파이프라인망 연결	430	700
Turkey–Greece Inter–connector	건설중	터키와 유럽연합의 에너지 네트워크 연결	186	407
Nabucco	계획중	불가리아, 루마니아, 헝가리를 통해 터키 가스를 오스트리아로 운송	2,050	460–1,130
Arab Natural Gas pipeline	계획중	요르단과 시리아를 통해 이집트 가스 수입	NA	NA
Trans–Caspian pipeline	계획중	투르크메니스탄과 카자흐스탄의 가스 수입	1,050	565

국인 터키는 미국이 지지하는 시리아 반군세력 YPG[*]를 쿠르드족의 테러단체로 간주하고 있어 앞으로 시리아 내전 관련하여 정치적 해결이 필요한 지역이다.

한편 미국의 중동과 북아프리카 지역 내 패권변화가 감지된 것은 2015년 2월에 있었던 제네바 2회의의 협상이 실패하면서 더욱 불거졌다. 시리아 내전사태에 대한 평화협상이 사실상 결렬되었다는 것이다. 제네바 제2회의는 시리아 내전종결만을 위한 것이 아니라 시리

---

[*] IS에 대항하는 세력으로 시리아 반군 중 미국이 지지하는 세력을 통침한다. 쿠르드어로 Yekîneyên Parastina Gel으로 Kurdish People's Protection Units이다.

아, 이라크, 팔레스타인, 레바논 그리고 심지어 사이프러스에까지 영향력을 줄 수 있는 레바논 지역과 지중해에 대한 지배력에 대한 문제가 미국과 러시아 간에 논의되었었다.

미국은 오바마 행정부에 들어서면서 아시아를 중시하는 정책을 추진하면서 유럽과 중동지역의 미국 병력을 아시아로 이동시킨다는 명목으로 동유럽과 중동을 안정시키고자 했다. 그러나, 문제는 러시아-중국-이란의 삼각동맹의 개입을 직면하면서 시리아 아사드 정권 전복은 물론 러시아-중국-이란 동맹을 해체할 능력이 부족하다는 현실을 인정해야 했다.

이러한 과정에서 미국은 중동과 북아프리카의 분할에 나토의 영국과 프랑스를 개입시킨다. 즉, 영국은 리비아를 프랑스는 시리아를 관할하기로 합의하게 된다. 그러나 리비아는 2011년 카다피 정권이 전복되었지만 시리아는 여전히 불씨로 남게 되었는데 이에 러시아-이란-중국이 시리아 동맹으로 개입하면서 이 지역정세는 더욱 복잡해졌다.

게다가 미국이나 유로존이 재정위기를 겪으면서 시리아에 전력투구할 수 없었던 사정도 있었다. 여기에 제네바 1회의는 프랑스가 사르코지 집권 하에 있었고 제네바 2회의는 올랑드 정부가 프랑스 강경파들의 편을 들어주면서 문제가 복잡해졌다는 의견도 있다. 여기에 미국과 러시아가 평화협상을 추진하는데 사우디와 이스라엘이 협력관계를 구축하면서 미국의 입장을 난처하게 만들게 된다.

이렇게 이 지역이 분쟁의 중심이 된 이유는 중동의 레반트 지역과 인접한 지중해에 천연가스가 매장되어있기 때문이다. 그 규모는 카타르보다 많다는 의견도 있어 이 지역에 대한 패권다툼이 계속되고 있다는 해석이 지배적이다. 즉, 현재의 시리아 사태는 에너지안보를 넘어서 에너지를 쟁취하려는 패권전쟁의 산물이라 할 수 있다. 이렇게 사태가 악화된 데는 미국이 에너지시장에서 주도권을 가지면서 러시아는 실리를 중시하는 외교정책이 필요했던 것이다. 즉, 러시아는 카스피 해와 이라크의 천연가스 채굴권을 확보하게 되면서 미국을 긴장시키게 되었다. 그 이유는 러시아의 영향권이 터키를 지나 이란과 이라크에 이르게 되면 유럽시장을 주요 고객으로 하는 사우디와 카타르에게 수송로를 차단하는 효과를 가져온다. 즉, 이 두 국가의 가스가격이 경쟁력을 상실하게 된다는 것을 의미한다.

이렇게 러시아와 미국의 대립이 중동과 북아프리카의 지중해를 둘러싸고 점차 첨예해질 것으로 전망되고 있어 미국이 에너지 외교전략은 수정을 거듭할 것으로 전망된다.

2.2 국제원유시장을 움직이는 북극권 국가들

과거 80년대와 90년 대 원유 파동은 중동지역의 정치리스크가 주도했다면 2000년대 후반 급격한 유가 상승은 미국 발 금융위기가 그 원인이었다. 이와는 대조적으로 최근의 저유가 현상은 유럽의 재정위기 이후 지속되고 있는 저성장 기조가 OPEC 산유국간의 갈등과 서방의 러시아 제재 등 국가 또는 지역 간 역학관계가 맞물려 발현되고 있다. 따라서, 과거와 달리 매우 복합적인 것이 특징이다. 게다가 최근 저유가는 달러 강세가 주도한다 해도 과언이 아니다.

북극과 글로벌 원유시장

글로벌 원유시장 입장에서 바라본 북극은 북극해의 유가스전의 신규 매장량으로 추가공급원이 마련된다는 점이 장기적인 유가 안정에 긍정적이다. 그러나 북극이라는 이슈에 있어 미국은 에너지안보 면에서 세계 에너지시장에 공급여력을 부여한다는 의미와 동시에 에너지안보 면에서 취약한 북극지역의 문제를 함께 안고 있다. 따라서 미국은 2015년 4월부터 2년간 북극이사회 의장국을 역임하면서 북극이사회 전문가그룹인 지속가능개발 분과위에 분산형 전원micro-grid 보급사업을 제안한 바 있다. 북극은 에너지공급이 불안정한 지역으로 전력난이 발생할 경우 이를 백업할 수단이 많지 않다. 그러다 보니 과도한 예비율로 경제성이 떨어지거나 폭설 등의 비상사태에 대한 대응능력이 부족하다. 이는 에너지복지 차원에서 북극이사회 회원국들이 공통으로 감수하는 감내하는 부분이다. 따라서 의장국을 통한 미국의 리더십은 실질적이고 가능성있는 에너지공급 정책을 시도하는 데 주안점을 두고 있다.

특히 오바마 정부는 척치 해에 대한 유가스전 개발을 승인하면서 에너지안보가 수입의존적인 공급체제로 위협받기보다는 북극을 엄격한 수준으로 개발하는 것이 바람직하다는 입장을 고수했다. 물론 셸이 최근 북극사업을 접게 된 배경이 엄격한 환경영향평가 기준에 있기는 하지만 비용이 문제지 규제가 문제가 아니라는 것이다.

이와는 별도로 미국은 북극을 둘러싼 이해당사국들과의 관계에 있어 군사대치 등 대립각을 세우지 않는다는 점도 특이사항 중 하나다. 특히 오바마 정부에 들어서 북극해를 경계로 러시아와의 관계가 악화되지 않았다는 점은 오바마의 외교정책이 실리위주라는 원칙을 지키고 있다고 평가된다.

미국의 에너지안보 정책은 양면적인 의미가 있다. 즉, 경제적 편익을 고려한 에너지외교 전략이 필요한 반면 지역별 역학관계에서 패권을 쥐고 러시아와 중국을 경계해야 하는 방어적 성격이 에너지외교에 반영되어야 한다.

그런 점에서 오바마 행정부의 에너지외교를 평가하자면 자국 내 유가스전 개발이 경제성을 갖게 됨에 따라 시장을 움직이는 전략이 한편으로는 성공했다고 불 수 있다. 그러나 지역별 역학관계에 있어서는 시리아를 둘러싼 헤게모니가 복잡하게 얽혀있어, 중동 내 미국의 영향력이 줄어든 것은 사실이다. 이를 미국은 국제원유시장에서 가격하락을 주도하면서 에너지시장에서의 패권을 쥐고자 하는 의지를 더욱 고취시켰다 볼 수 있다. 즉, 결론적으로 미국의 에너지외교는 시장을 적극 활용하는 전략을 취했고 앞으로도 달러강세와 맞물려 주변국에 대한 영향력을 행사할 것으로 전망된다.

원유시장은 어떤 에너지원보다 개방되어 있다. 개방되어 있다는 표현은 글로벌 시장으로서의 요건 중에 하나인 공급이 수요의 변화에 탄력적으로 움직일 때 적합하다. 예를 들어 천연가스는 파이프라인이 연결되어 있을 경우와 그렇지 않은 경우에 따라 가격조건이 다르다. 즉, 동일한 재화에 가격이 달리 형성된다. 엄밀히 얘기하면 파이프라인 가스와 액화천연가스는 동일한 원소로 구성된 천연가스지

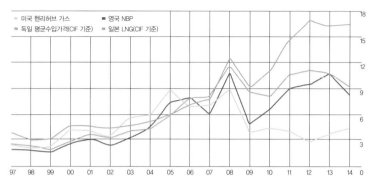

국제 천연가스 가격 추이(출처: BP(2015), 단위: $/MMBTU)

만 상품으로 볼 때 엄연히 다르다. 다시 말해 동일한 재화라 볼 수 없다. 그러나 연료로서의 기능을 볼 때 이 두 재화는 동일한 연료인 것이다. 이러한 이유 때문에 천연가스는 원유에 비해 지역별로 시장이 폐쇄적으로 운용된다. 따라서 가격이 지역별로 상이하다. 보통 통계 자료 상에서도 지역별로 러시아 가격, 아시아 가격, 미국 가격으로 구분하기도 한다. 그만큼 지역별 특성이 강한 상품이다.

이에 반해 원유시장은 브렌트나, 두바이나, 미국서부텍사스 중질유wti 가 엎치락 뒤치락 할 뿐 크게 벌어지는 경우는 드물다. 이런 점은 원유시장이 글로벌 금융시장에서 가장 큰 시장의 하나로 자리매김하게 되었다고 할 수 있다.

북극과 글로벌 원유시장은 과연 어떤 관계인가?

아주 재미있는 주제다. 북극권 국가, 즉 북극이사회 회원국 미국, 러시아, 캐나다, 덴마크, 핀란드, 스웨덴, 노르웨이, 아이슬란드는 모두 원유를 생산하고 천연가스 매장량을 보유한 나라들이다. 이 얘기는 글로벌 원유시장에서 이들 북극권 국가들의 영향력이 무시할 수 없다는 것이다. 최근 들어 미국이 원유 순수출국으로 돌아서면서 원유시장에서의 미국의 영향력은 최근 유가하락에까지 미치고 있다.

원유와 달러는 상관관계가 크다. 마치 하나의 풍선 같아서 원유를 누르면 달러가 커지고, 달러를 누르면 원유가격이 상승하는데 일조한다. 그것은 원유가 달러로 청산되기 때문이다. 즉, 이거 하나만으로도 원유시장과 북극은 연관이 있다.

중국 불안과 미 달러 강세로 가속화되는 금융시장의 리스크 증폭

2015년 경제 주요 뉴스는 달러 강세, 유가하락, 이란 핵협상 타결, 중국 위안화 평가절하 등 자원개발을 위축시키는 이슈가 대부분이었다. 이러한 경제위기의 한 축은 중국이 잡고 있고, 또 하나의 큰 축은 미국이 쥐고 있다 해도 과언이 아니다. 즉, 거듭 얘기하지만 G2 리스크다.

우선 중국의 위안화는 2015년 하반기에 무려 4.6퍼센트 평가절하됐다. 게다가 추가 절하가 예상되면서 수출에 의존적인 경제구조를 가진 한국을 비롯한 신흥국 통화에 타격을 주고 있다. 이러한 환율 변동성은 신흥국의 자금유출로 이어지기 때문에 증시는 물론 금융시장에 직격탄을 주게 된다. 게다가 달러강세는 금리인상의 시기와 맞물려 근본적인 리스크 확대가능성을 내포하고 있어 금융시장은 물론 원자재가격에 연동되는 파생상품 시장까지 일파만파로 퍼지고 있다.

최근에 나타나는 유가하락은 미국의 달러강세 가속화와 중국의 경제 비관론이 합쳐진 산물이다. 이로 인하여 2015년 8월 19일 기준 뉴욕상업거래소에서 거래된 9월 인도분 서부텍사스산 원유는 전날보다 1.82달러(4.3퍼센트) 떨어진 배럴당 40.80달러에 마감했다. 반면 글로벌 주식시장의 불안은 안전자산 선호현상으로 금에 대한 투자가 늘어 뉴욕상품거래소 12월 물 금 가격은 전일보다 11달러 오른 온스당 1,127.90달러에 거래되었다.

유가를 움직이는 요인들

필자가 아리조나 대학에 다니던 시절, 마이클 리버라는 교수님이 계셨다. 뉴욕 태생이자 MIT 출신으로 세련된 양키 악센트를 가지고 계셨다. 세련된 말투의 마이클 교수님은 칠판에 판서를 하지 않았다. 그렇다고 다른 영상자료를 가지고 다니지도 않으셨다. 교과서도 따로 없었다. 대신 필독 논문 리스트를 나눠줬다. 한 50페이지에 해당하는 필독 논문 리스트는 영어가 모국어가 아닌 외국학생들에게 쥐약이었다. 나랑 가장 친했던 후안 헨리케Juan Hendrique*랑 필자는 서로 각자가 편한 부분을 선택해서 요약정리한 뒤 공조하기로 했다. 아무튼 선배들보다 좋은 성적을 내기 위해 우리 둘은 하늘에서 별이라도 따올 기세로 공부했다.

그런데 시험지를 받아보고 기가 찼다. 문제는 다음과 같았다. "국제 유가 20달러는 적정한가?" 지금도 필자는 유가를 20달러를 기준

---

* 독자분들 중에 이 친구를 찾아주시는 분께 사례하고 싶다.

으로 생각한다. 그만큼 강렬한 인상을 준 첫 시험문제였다. 마이클 교수의 논지는 20달러를 넘지 않아야 한다는 것이었다. 물론 1991년 기준으로.

2015년 8월 유가는 WTI 기준으로 배럴당 40달러 초반을 찍었다. 어쩌면 1991년 가격으로 산정하면 현재의 40달러가 1991년 20달러에 해당하지 않나 싶다.

작년 말에 미국 에너지정보국Energy Information Administration, EIA과 골드만삭스가 내놓은 전망을 다시 인용하면, 미 에너지정보국는 2015년 원유 평균거래가를 배럴당 58달러로 전망했고, 골드만삭스는 배럴당 40달러로 예측했다. 지금 평가하자면 미국 에너지정보국 보다 골드만삭스가 더 현실적인 전망치를 제시했다고 할 수 있다. 그러나 그렇다고 골드만삭스가 더 훌륭하다는 뜻이 아니다. 마이클 교수의 또 다른 명언은 "경제학자가 내놓는 전망치는 틀려야 한다. 왜냐면 예측은 전망이지 예언이 아니니까" 과학과 미신은 구분할 줄 알아야 한다.

다시 국제유가로 돌아오면, 20달러 가까이 전망치가 다른 것은 그만큼 불확실성이 크다는 것을 의미하고 어느 때 보다 금융시장의 펀더멘탈이 흔들리고 있다는 것은 말한다.

유가는 크게 기술적인 요인과 시장적인 요인에 따라 움직인다. 기술적인 요인에는 수요와 공급을 변화시키는 세계경기와 신흥국의 성장둔화, 석유수출국기구와 석유수출국기구에 속하지 않는 나라들의 감산합의 등 물리적인 요인을 들 수 있다. 기술적 요인 중에서 가장 크게 최근의 유가하락을 견인하는 것은 바로 생산비용의 감소이다.

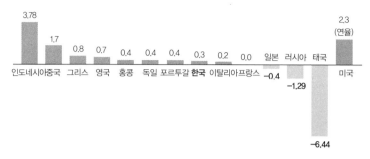

주요 국가의 2015년 전 분기 대비 2분기 성장률(단위: %, 자료: 블룸버그)

특히 중동지역의 생산비용이 배럴당 30달러 이하를 보여주면서 석유
수출국기구의 감산합의에도 불구하고 생산이 지속적으로 늘어나는
데 힘을 보태고 있다. 이와 달리 미국산 원유는 상대적으로 비싸다.
게다가 북극해 유전의 경우 생산단가를 평균 배럴당 78달러까지 보
는 시각도 있다. 그럼에도 불구하고 세계경제가 유럽발 재정위기 이
후 회복기에 접어드는가 싶더니 중국 증시 등 저성장 기조에 접어들
어 공급과잉이 불가피하다.

이러한 기술적 요인과 더불어 시장적 요인은 경제불안 요소를 내
포하고 있어 그 파장이 유가에서 그치지 않고 파생상품시장까지 파
급된다. 유가를 움직이는 시장적 요인은 바로 달러를 중심으로 한 환
율과 미국 금리 인상 시기이다. 한마디로 요약하면 달러가 강세인지
약세인지에 따라 원유가격이 출렁인다.

달러화가 유가에 미치는 영향은 생산지에서부터 소비국가에까지
전반적인 영향을 미친다. 다음 그림*은 지난 10년간 각 상품의 표준
편차를 통하여 변동성을 비교한 것이다. 즉, 달러화와 유가는 거울

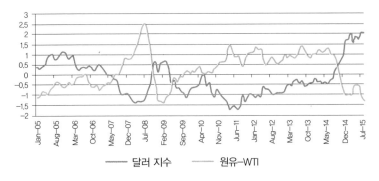

달러화와 유가의 변동성(출처: EIA, Fed, LBMA) [*]

이 비친 것과 같이 상호 반대방향으로 움직인다. 그 이유는 원유거래 통화가 달러라는 데서 기인한다. 달러화가 강세로 돌아서면 산유국은 자국의 산업을 보호하는 차원에서 환율방어에 나서게 된다. 가장 적극적인 환율방어는 추가절하를 막기 위한 수단으로 외환보유고를 조절하는 것이겠지만, 이는 물가에 직접적인 영향을 미칠 뿐만 아니라 그 효과가 일시적이다. 따라서, 동일한 달러가치의 원유 수익을 유지하기 위해 대부분의 산유국은 증산을 선택한다. 결국 원유공급이 늘어나면서 원유하락이 가속화 된다. 한편 달러화가 강세로 돌아서면 원유 소비국은 원유 구매부담이 증가하면서 성장에 제동이 걸리게 된다. 이렇게 경기위축이 장기화되면 원유에 대한 수요가 감소하면서 원유시장을 위축시키는 요인으로 작용한다.

2002년 이래 유가의 장기 상승세를 견인한 것이 석유수출국기구의 회원국이 아닌 국가들이었다면, 그 중 절반을 중국이 차지했다고

---

[*] 미 EIA와 London Bullion Market Association이 제공한 수치를 정리한 것임.

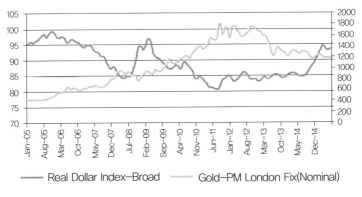

달러화의 실질가치와 금 가격 추이(단위: $/unit(bil, once), 출처: LBMA, BLS)

볼 수 있다. 한편 중국의 뒤를 이어 강한 수요증가를 보인 곳이 석유수출국기구 회원국이 아닌 남미·아프리카인데, 총 수요증가량 일간 295만 배럴, 증가율 24.6퍼센트를 보이면서 중국과 더불어 세계 석유수요 증가량의 88.4퍼센트를 차지하였다. 바로 브릭스(브라질, 러시아, 인도, 중국)의 힘이다.

위 그림[*]은 주요 선진국 통화대비 달러화의 실질가치를 의미하는 달러인덱스와 금 가격의 추이를 보여주고 있다. 달러의 구매력은 금값의 향방을 결정하는 잣대이다. 이 둘의 관계는 역상관관계를 가진다. 즉, 달러가치가 하락하면 금에 대한 수요가 증가한다. 나탈리 뎀스터와 후안 카를로스 아티가스에 의하면, 인플레이션 회피수단으로 금이 지대한 역할을 해왔다. 금은 1974년부터 2008년 사이에 연평균 14.9퍼센트가 상승하는 등 다른 투자상품 대비 월등히 높은 수익

---

[*] LBMA(London Bullion Market Association)과 BLS(Bureau of Labor Statistics)의 자료를 정리한 것임.

률을 기록했다. 최근 달러의 본질적 가치가 증가한 것은 유로존 대비 경기가 회복되고 재정건전성이 뒷받침되었다는 평가를 받은 데서 비롯된다. 이렇게 달러보유 욕구가 증가하게 되면 금 매입의지가 감소하게 된다.

그러나 금에 대한 매입의지는 단지 달러에만 의존하지 않는다는 데 맹점이 있다. 그것은 미국 경기는 좋지만 신흥국 경기는 점점 악화되는 현재의 상황에서는 설명력이 부족하다. 신흥국 문제는 다시 환율문제와 맞물려서 안전자산을 찾는 투자자들의 심리적 요인으로 다시 환율시장과 유가로 다시 회귀하게 된다. 여기에 이란의 원유생산 재개는 미 에너지정보국이 원유예측치를 지난 달 대비 6 내지 8달러 하향조정하는데 원인을 제공한다. 즉, 미 에너지정보국에 의하면, 2015년 평균유가는 WTI 기준으로 배럴당 49.62달러였고, 2016년 유가는 배럴당 다시 하향 조정되어 40달러, 2017년에 50달러로 전망된다. 다음 그림은 2015년 7월의 미 에너지성의 유가전망과 2016년 초에 실시한 유가전망치를 비교한 그림이다. 한눈에도 유가가 단시일에 오르지 않을 것이라는 것을 알 수 있다. 더 중요한 것은 2015년 만해도 유가 반등이 2016년 상반기에 발생할 것으로 보았지만 2016년 전망치는 2017년까지 반등의 기미가 보이지 않는 것으로 예상하고 있다는 점이다. 그만큼 경기위축은 장기화될 조짐이라는 것을 알 수 있다.

최근 유가하락의 원인은 무엇보다 중국이다. 특히, 2013년8월에서 2014년6월까지 국제유가는 월평균 배럴당 107.48~111.8달러의 매우 좁은 구간 안에서 오락가락 했다. 동 기간의 수요를 살펴보면,

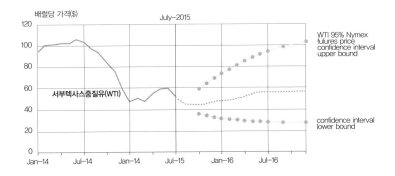

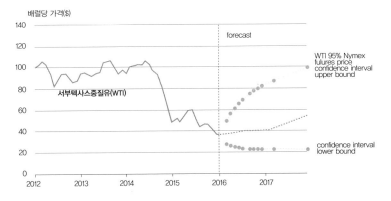

미 에너지정보국의 2015년 7월(위)과 2016년 초(아래) 유가 전망치 비교

석유수출국기구가 아닌 국가들의 수요 중 남미·아프리카 지역의 수요는 크게 달라지지 않은 반면 중국 및 석유수출국기구가 아닌 아시아 국가들의 수요증가세는 이전 대비 크게 둔화되었던 것이다. 이들 지역의 석유수요 증가세 둔화로 세계 석유수요 총 변화량 역시 이전 대비 상당히 둔화된 일간 277만 배럴에 그쳤다. 즉, 연평균 변화율로 환산하여 보면 중국의 석유수요 연평균 증가율이 한 자릿수로 떨어졌을 뿐 아니라 석유수출국기구가 아닌 아시아 국가들의 수요증가

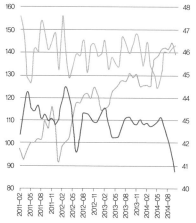

'11.2~'14.10 유가 및 석유수요량

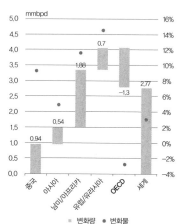

'11.2~'14.10 지역별 석유수요 변화

11~14년 석유 수요 변화에 따른 유갈 변동 추이
(출처: 미국 에너지정보국과 가스경영연구소보고서(2014) 재인용)

세가 예전 대비 크게 축소되었음을 알 수 있다. 이에 따라 세계 석유 수요 또한 증가세가 크게 둔화되면서 유가상승 압력이 대폭 약화되었다.

셸의 북극진출 및 투자철회가 유가에 미치는 영향

2015년 8월 17일 미국이 다국적 기업인 로열더치셸에 대하여 북극해 석유시추 계획을 최종 허락한 것은 1991년 이후 24년 만에 처음이다. 셸은 이미 지난 8년간 70억 달러를 투자한 바 있고 이번 미 내무부 승인이 확정되면서 올해 10억 달러가 추가될 계획이었다. 코노코필립스와 스타토일 또한 시추권을 확보하고 있지만 시추계획은 없는 상황이다. 이번 셸의 시추 허용은 북극해 개발에 긍정적인 영향을 미칠 것으로 전망되었었다. 같은 해 10월 말, 그것도 북극이사회 공식행사인 북극에너지정상회의가 개최되기 바로 하루 전 북극진출을 철회하기 전까지는.

셸의 북극개발 사업은 그 동안 환경단체의 반대로 인해 지연되었었다. 하지만 셸이 북극을 물고 놓지 않음에 따라, 이란 원유생산 재개와 함께 공급여력이 늘어날 것이라는 기대심리를 유도하는 데 긍정적으로 작용했던 것은 사실이다.

실질적으로 북극해 유가스전이 생산단계에 이르기까지는 아직 풀어야 할 숙제가 많이 있다. 아직 북극해 원유생산비용은 배럴당 60달러에서 많게는 100달러까지 보고 있다. 현재의 기술로는 어느 지역보다도 비용이 높다. 게다가 셸은 최근 유가하락으로 지난해 이후 이윤이 3분의 1 감소했고 직원 6500명을 정리했다. 그렇다면 셸과 셸의 북극해 시추를 허락한 미국정부는 왜 비싼 비용을 지불하고도 북극해 개발을 원했던 것일까?

그것은 한마디로 잠재력 때문이다. 북극해 개발이 유가에 미치는 영향을 한마디로 요약하면, 단기적으로는 큰 영향이 없지만 장기적으로는 미래의 공급여력을 늘려 궁극적으로 유가를 안정화하는데 기여한다고 말할 수 있다. 앞에서 언급한 바와 같이 북극해 개발은 원유시장의 수요가 아닌 공급에 초점이 맞춰진다고 하여 북극해 원유가 중동산 원유를 대체한다는 것은 무리가 있다. 그러나 미국이 셰일가스를 필두로 에너지시장에서 헤게모니를 잡고자 하는 의지는 점점 강해질 것으로 전망된다. 즉, 미국으로서 북극해 개발은 원유비축을 무기로 한 안보전략의 일환인 동시에 경제성장의 또 다른 동

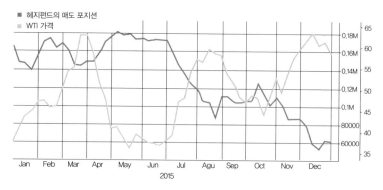

■ 헤지펀드의 매도 포지션
■ WTI 가격

급변하는 국제 정세 속 유가 변동과 투기세력 리스크헷징

력으로 활용될 것이다. 물론 북극이 국제원유시장 전체를 움직이지는 못한다.

2015년을 마무리하면서 투기적 거래자들은 국제원유시장을 공격했다. 크고 작은 헤지펀드들이 유가하락에 대한 리스크를 관리하기 위해 매도 포지션을 내놓은 것이다. 사우디와 이란 사이의 긴장이 고조되면서 유가가 반등의 기미를 보였지만, 결국 오래가지 못했다. 그것은 이란에 대한 경제제재가 해제되면서 이란의 공급여력이 커질 것이 분명한데다가 중국의 증시쇼크 등 글로벌경제를 위협하는 인자들이 에너지 수급균형을 공급과잉으로 몰고 갈 것에 대한 우려 때문이다.

그러나, 북극은 글로벌 경제의 한파가 지나가게 되면 투자심리를 자극하기에 충분하다. 앞으로 20년 후의 글로벌 경제가 궁금하다면, 북극을 둘러싼 북극이사회 회원국들과 주변국들의 동태를 살펴야 할 것이다.

2.3 북극 에너지의 지속가능개발 정책트렌드, 신재생에너지

에너지정책 전문가들이 가장 어려워하는 에너지원이 바로 전력이다. 전력은 1차 에너지가 아니다. 화석연료나 원자력을 이용하여 전기를 생산하기 때문에 각 단계별로 최적화가 근간에 깔려있기 때문이다.

2015년 10월 말 알래스카 페어뱅크스에서 북극에너지정상회의 Arctic Energy Summit가 열렸다. 이 회의에서 아주 중요하게 다룬 분야가 전력이다. 북극의 전력은 내륙과 단절되어 있기 때문에 마치 섬과 같다. 북극의 전력은 태생적으로 효율적이기 어려운 구조를 갖고 있다.

북극에너지회의는 2011년 이후 2015년에 세 번째로 개최된 북극이사회 지속가능개발분과의 공식행사다. 북극에너지회의는 국제학술연합ICSU과 세계기상기구WMO의 공동운영위가 추진한 2007~2008 국제극지년International Polar Year의 공식 사업으로 2006년에 채택되었다. 회의성격은 민-관-학 다학제간 포럼으로, 북극이사회의 인가를 받았으며 미 국무부 후원으로 운영되고 있다.

이번 2015년 북극에너지정상회의는 북부위원회Institute of the North가 주관하며 미 국무부 외에 아이슬란드 외무부, 알래스카 주, 알래스카대학이 공동 후원하였다. 특히 이번 회의는 북극이사회의 의장국인 미국이 최근 에너지시장의 헤게모니를 잡으려는 의지를 반영하듯, 상류부문에서 하류부문에 이르기까지 다양한 주제를 다루었다. 그러나, 이번 회의는 공교롭게도 오일메이저인 셸이 북극개발에 대한 투자를 중단한다는 언론보도가 공개된 직후에 개최되어 다수의 참가자들이 기대한 북극의 유가스전 개발은 논의의 대상에서 빗겨나가는 결과를 초래하였다.

대신, 이번 회의는 캐치프레이즈, "회복가능한 북극을 위한 안보와 활용가능성Security and Affordability for a Resilient North"를 지속가능개발이라는 큰 틀에서 에너지정책을 다루면서 에너지안보를 강조하는 프로그램으로 구성되었다. 특히, 에너지원의 다변화에 있어 신재생에너지의 역할을 강조하였다.

과거 북극에너지정상회의는 2007년 10월 앵커리지에서 북극에너지기술회의Arctic Energy Technology Conference를 시점으로 개최되기 시작하였다. 이후 2013년 아이슬랜드 북극에너지정상회의에 이어 2015년으로 이어졌다. 2007년 북극에너지정상회의는 에너지 개발 및 탐사(27%)*, 극지의 신재생에너지(25%), 북극 에너지 프로젝트의 환경, 사회-경제, 지속가능성 영향분석(28%)에 대하여 논의하였다. 2013년 북극에너지정상회의는 북극개발은행Arctic Development Bank 설립 또는 북극회복펀드Arctic Resilience Fund 조성 등을 논의함으로써, 북극 에너지개발에 대한 민관 파트너십을 강조하였다. 특히, 에너지규제와 관련한 사회-경제적 편익에 대하여 정부간 협의체를 통하여 정책이슈를 논의할 실질적인 파트너십 구축에 관심이 집중되었다.

과거의 북극에너지정상회의와 비교할 때 이번 2015년 회의는 신재생에너지에 대한 관심이 고조되었다는 점을 특징이라 할 수 있다. 특히 이러한 배경은 미국이 이번 회의를 통해 알래스카 지역의 마이크

---

* ( )안의 수치는 발표된 총 논문 수 대비 해당 주제의 논문 비중을 백분율로 표기하였다.

로 전력망사업(다수의 소규모 분산전원으로 구성된 전력망사업)을 북극
이사회 지속가능개발분과의 시범사업으로 제안하는 데 일익을 하게
된다.

전력은 에너지안보의 핵이라 할 수 있다. 캘리포니아의 전력난은
개도국도 아닌 선진국에서 발생했다는 점이 충격적이었다. 캘리포니
아의 발전원은 수력이 큰 비중을 차지한다.

즉, 지구온난화가 북극의 해빙을 녹게 하고, 해빙의 양이 감소하면
서 북극지역에 출현하는 편서풍, 즉, 북극소용돌이가 북반구까지 내
려오게 되면서 미국의 한파는 물론 캘리포니아 지역의 가뭄을 몰고
왔다.

2014년 샌프란시스코에 갔을 때의 일이다. 커피숍에 들려서 망중
한을 즐기려는데 어떤 미국 할머니가 말을 걸었다. 늘 오던 할머니 친
구가 오늘 안 보인다고. 혹시 하늘나라 간 거 아닌가 싶다고. 필자는
애절한 할머니 얘기를 듣다 직업의식이 다시 발동한 건 바로 그 다음
대화에서였다. 할머니는 자신이 가난하다고 말했다. 그래서 요즘 샤
워하는 물도 아낀다고. 갑자기 냄새가 나는 것 같은 기분이 들었지만
할머니가 해주는 얘기는 캘리포니아의 전력난이 가뭄에서 시작되었
다는 것을 충분히 이해할 수 있었다. 그 정도로 캘리포니아는 가뭄에
시달리고 있다.

그 증거는 골프장에서도 볼 수 있었다. 캘리포니아의 유명하다던
골프장 중에서 사설 골프장은 그 명성을 되찾아오기 어려울 정도로
'그린'이 사라졌다. 골프에서 '그린'은 홀마다 퍼팅을 위해 마련된 잔
디밭이다. 진짜 '그린'이 사라졌다는 것이 아니라 녹색green이 사라졌

다는 것이다. 그만큼 사설 골프장을 유지하는 것이 어려워지면서 회원들이 이탈하는 사태가 발생했다. 글로벌 경기침체는 골프장 회원가를 내리는 역할을 했지만 그 이면에는 가뭄도 한 몫을 했다. 물론 캘리포니아 지역에 해당하는 일이다.

알래스카를 다녀와서 전력계통 전문가를 만나 패어뱅크스의 정전 얘기를 나눈 적이 있다. 그 분은 패어뱅크스의 정전은 국내의 전기에너지저장장치Electric Energy Storage, EES가 있었으면 발생하지 않을 수 있다고 말했다. 맞는 논리다. 패어뱅크스는 전력공급이 충분치 않아서 발생한 것이 아니라 설비와 수요관리에 실패한 사례다.

국내 전력계통 시스템은 수준급이다. 북극을 향한 투자 중에는 자원개발뿐만 아니라 수요관리나 전력계통시스템, 특히 전기에너지저장장치와 같은 소프트웨어를 제공하는 기술투자에도 관심을 가질 필요가 있다. 우리는 때로 우리가 가진 것, 특히 우리가 극복한 역경을 과소평가할 때가 있다. 우리는 자원이 부족한 환경을 극복한 민족이다. '빨리 빨리'•라는 문화를 만들어 낸 배경도 부족한 자원을 먼저 찜 해야 하는 환경에서 자랐기 때문이다.

요즘 아이들, 우리 아이만 하더라도 느리다. 고기를 먹더라도 무지 느리다. 필자는 우리 아들에게 늘 힘주어 얘기한다. 서양친구들은 고기를 삼시 세끼 먹을 뿐만 아니라, 그 양도 늘 크리스마스나 추수감사절처럼 먹는다는 것을 강조한다. 우리는 경쟁을 삶 자체로 알고 산

• 우리 민족은 원래 "빨리 빨리"가 아닌 "느린 팔자 걸음"의 민족이라고 한다. 그래서 일본 압제시절에 "빨리 빨리"를 강요받으면서 스트레스가 많아졌다는 주장도 있다. 이 논리도 꽤 설득력 있다.

세대이다. 그래서 노는 게임 중에도 수건 돌리기, 의자 뺏기 등등 어느 하나를 경쟁에서 물리쳐야 내가 살 수 있는 놀이를 하면서 커왔다.

그러나, 요즘 우리 아이들은 그런 환경을 이해하지 못한다. 그래서 느리다. 게다가 잘 모른다. 우리가 지금 누리는 것이 우리 조상들의 희생이라는 점을 알면서도 잘 모른다.

우리의 전력계통은 1차 에너지를 90퍼센트 이상 해외에서 수입하는 구조에 있다 보니 수요관리가 공급관리 보다 더 힘을 발휘해야만 했다. 따라서 효율 면에서 탁월하게 우수하다. 우리는 자원을 수입해서 성장했지만, 우리가 팔 수 있는 것은 원자재가 아닌 서비스나 시스템이 되어야 할 것이다. 이 부분에 있어서 많은 고민이 더 필요하다고 생각한다. 즉, 북극권과 상생할 수 있는 파트너십에 대해 보다 열린 사고가 필요할 것으로 생각된다. 북극의 자원을 가져올 생각도 좋지만, 우리의 우수한 시스템을 팔 수 있는 판로로 개척한다면 우리의 후손들에게 좋은 동기부여가 될 것이다.

The
Gl🌐bal

3장
북극과 환경

Arctic

3.1 기후변화협약과 탄소시장

2015년에는 많은 일이 있었다. 국내에는 온실가스 감축정책의 일환으로 배출권거래가 시작되었으며 대외적으로는 신기후체제를 위한 파리합의문이 채택되었다.

2015년 제21차 기후변화협약 당사국총회는 더반플랫폼으로 알려진 2011년 기후회의에서 결정한 신기후체제의 시한이었다. 2015년 11월말에 시작된 파리회의는 예정된 기간을 하루 연장하면서 2주간에 걸친 회의 끝에 파리합의문을 채택하는 결실을 얻어냈다. 전문가들 사이에서, 심지어는 파리회의에 참석한 전문가들조차도 이번 회의가 합의문 채택까지 이르지 못할 것이라는 부정적인 견해가 상당했다. 그만큼 합의할 내용이 많았고 시간이 촉박했던 것이 사실이다. 그러나 회의에 참석했던 필자는 이번 회의가 뭔가 내놓을 것이라는 기대를 가졌는데 그 이유는 이번 회의만큼 각국 정상들이 많이 참석한 국제회의가 유사 이래 없었기 때문이다. 즉, 이번 회의는 신기후체제에 대한 정치적 합의가 사전에 이루어진 상태에서 출발했다는 점에서 기존 회의와 크게 달랐다. 당사국들은 이미 각국이 마련한 국가별 자발적 온실가스감축기여방안Intended Nationally Determined Contributions, INDCs을 회의 참가 전에 제출한 상태였다. 게다가 신기후체제는 교토체제와는 달리 선진국에 한정된 것이 아니라 기후변화협약 당사국이 모두 포함된 공동의 감축의무에 기반을 두고 있다. 따라서 감축목표가 높고 낮음이 중요한 것이 아니라 모두가 감축에 참여한다는 데 의의를 두고 있다.

그림에서 보다시피 기후변화협약이 이번 파리합의문을 채택하는데까지 거의 사반세기가 걸렸다. 파리합의문을 만들어내기 위해 결정적인 역할을 한 더반플랫폼은 2020년 이후의 신기후체제를 마련하는 합의 기한을 2015년으로 명시하는 등 당사국의 협조를 촉구하는데 명분을 마련하였다. 이러한 사전작업이 있었기에 이번 파리회의는 미국과 개도국을 포함하여 사상 초유의 국가적 합의를 도출하게 된 것이다.

그림의 왼쪽은 기후변화협약이 성장한 궤적이고, 오른쪽은 이런 제도를 뒷받침할 탄소시장이 미국의 황산화물 배출권거래와 세계은행의 탄소펀드에서 출발하여 유럽, 일본, 중국, 한국 등에 시장메커니즘을 도입하는 계기를 마련한 과정을 설명하고 있다. 탄소펀드란, 금융시장에서 투자자로부터 자금을 조달하여 펀드를 조성한 다음 유엔에서 인정한 온실가스 감축사업이나 배출권에 투자를 하고, 이로부터 발생한 배출권을 거래시장에서 판매해 얻은 수익을 투자자

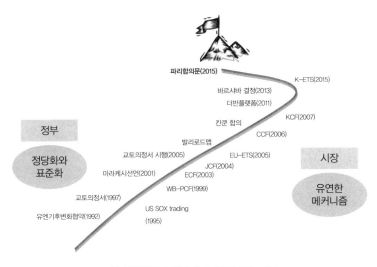

기후변화협약과 시장메커니즘의 성장 과정

들에게 배당하는 펀드를 말한다. 탄소펀드에는 온실가스 저감사업
(특히 청정개발체제 사업 위주)에 투자(배출권구입협약Emission Reduction
Purchase Agreement, ERPA를 통한 선투자, 보증금을 주고 추후 탄소배출권 이
전 시 대금을 지불 하는 등)하여 확보한 탄소배출권을 투자지분에 따라
투자자들에게 배분하는 펀드Compliance Fund 또는 동 사업으로 인한
현금수익뿐만 아니라 탄소배출권을 국제 탄소배출권시장에 판매한
후 얻은 수익을 투자지분에 따라 현금으로 배분하는 펀드Capital Gain
가 있다.

물론 이번 파리합의문 채택의 가장 큰 공은 미국에게 돌아갔다. 미
국은 이번 파리합의문 채택을 위해 2013년 중국과 함께 신기후체제
에 공동대응하기로 합의하면서 리더십을 발휘했다. 그러나 더 칭찬
하고 싶은 것은 미국의 활약은 단지 파리합의문을 채택하는데 리더

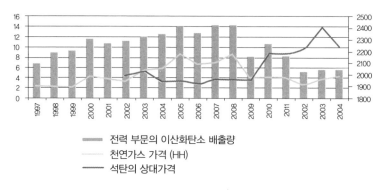

미국의 셰일가스 부상으로 온실가스 감축 실현(출처: 미 에너지성)

십을 발휘한 것만이 아니다. 미국은 미항공우주국NASA과 미해양대기국NOAA의 과학적 관측자료를 토대로 활동하면서 파리 회의장을 오가는 사람들의 이목을 끌었다. 이는 과학과 정책이 밀착된 다각적 노력이 필요하다는 점을 앞서 보여준 것이다. 필자는 이 점을 높이 사고 싶다.

교토의정서 탈퇴와 달리 미국이 신기후체제에 선제적으로 나올 수 있었던 배경에는 셰일가스 붐에 따라 천연가스 가격이 석탄 대비 경쟁력을 확보하면서 실질적으로 온실가스감축이 미국의 발전과 산업부문에서 확실하게 실현되었기 때문이다.

게다가 중국은 경제성장 과정에서 에너지공급 불안으로 인한 가격변동성을 최소화하기 위해 원자력발전 비중을 늘리고 천연가스 수요를 확대하고 있다. 이러한 에너지안보 정책은 에너지수급 안정은 물론 온실가스 저감의 두 마리 토끼를 잡을 수 있다는 장점이 있다. 즉,

미국과 중국의 전향적인 신기후체제 공동대응은 양국의 에너지안보 정책에 근간을 두고 있다고 할 수 있다.

파리합의문은 2020년 이후의 신기후체제 도입에 필요한 감축의무와 방식을 명문화한 것이다. 파리합의문의 감축목표는 교토체제와 달리 총량적인 배출상한을 두기보다 '산업화 이전 대비 평균기온 상승을 1.5도 이하로 제한'한다는 선언적 문구를 이용하였다. 따라서 감축의무에 대해서는 자발적 감축목표를 이행했는지에 대해 강압적인 제재 수단을 동원하기 힘든 구조를 가지고 있다. 이와 관련하여 신기후체제가 지속가능한 제도로 정착할 수 있는지에 의문을 갖는 전문가들이 많다. 그러나 이는 자체감축목표를 각국이 제시했다는 점에서 자국의 국내법이 규제수단으로 작동할 것이라는 점을 감안한다면, 강제조항이 없다고 해서 실효성이 없을 것이라는 우려는 불필요하다고 본다. 그 이유는 파리합의문이 존재한다는 것을 의식한 상

2020년 이후의 신기후체제 도입에 필요한 감축의무와 방식을 제시	
목표	산업화 이전 대비 평균기온 상승율 1.5도 이하로 제한
의무	스스로 정한 방식을 채택하여 5년마다 목표제출 및 이행점검 의무
시장	유엔기구 중심의 글로벌 시장 탄생 + 다양한 시장메커니즘 개발에 합의
재원	선진국이 개도국에 최소 1000억 달러 기금 조성(2025년 갱신)
방식	기후피해 정량화, 감축과 적응의 균형 강조, 기술협력 확대 및 강화

파리합의문의 주요 내용

태에서 국내법이 적용된다는 것은 조약으로서의 효력은 없지만 감축행위에 대한 보상은 필요하다는 논리로 활용될 수 있기 때문이다. 즉, 법적인 강제조항은 없지만 감축행위에 대한 경제적 의미를 제공한다는 점에서 파리합의문은 절반의 성공이라고 평가할 수 있다.

또한 파리합의문은 유엔기구 중심의 글로벌 탄소시장이 탄생하게 되는 명분도 제공한다. 이로써 원유시장과 유사한 형태의 탄소시장이 운영되고 감축기술에 대한 경제적 유인과 가격시그널을 제공하게 된다는 점은 기술개발 차원에서 매우 고무적이다. 게다가 선진국이 개도국에 제공할 경제적 지원을 기금조성을 통하여 운영한다는 기본 체계를 마련하였다. 이러한 재원은 '감축'은 물론 '적응' 프로그램 개발에도 적극 활용되어야 한다는 취지를 담고 있다는 점도 이번 합의문의 주요 성과라 할 수 있다.

이번 파리합의문 채택은 2015년을 장식한 큰 사건 중의 하나다. 이번 파리합의문의 채택여부를 긍정적으로 가늠해볼 수 있었던 것은 바로 아래 표에 나타난 것과 같이, 에너지시장이 약세인데 비해 배출권 가격이 전년 대비 상승했다는 데 있다. 배출권가격은 주로 선물거래 비중이 높은데 시장참여자들이 연료대체를 온실가스 감축수단의 하나로 간주하고 있어 기회비용으로 작용한다. 즉, 석탄 대비 가스가격이 경쟁력을 확보할 경우 배출권 수요는 감소한다. 역으로 배출권가격이 지나치게 저평가되면 석탄에서 천연가스로의 연료대체는 유인력을 상실한다. 그러나 일반적으로 에너지수요가 증가하면서 에너지가격이 상승하면 배출권 가격 또한 상승하고, 에너지 공급과잉으로 에너지가격이 약세로 돌아서면 배출권 가격 또한 동반 하락하게 된

주요 거래 상품	2014년 11월	2015년 11월
브렌트유	$91.75/bbl	$50.30/bbl
미국 서부텍사스 중질유(WTI)	$88.58/bbl	$47.72/bbl
미국 헨리허브 가스	$3.93/MMBTU	$2.27/MMBTU
중국 석탄	$65.95/톤	$41.88/톤
ICE 유럽 탄소배출권(EUA)	€5.74/tCO2	€8.45/tCO2
ICE 청정개발체제 크리뎃(CER)	€0.11/tCO2	€0.63/tCO2

주요 에너지 인덱스 비교(2014 vs. 2015)

(출처: 불름버그ICE 거래가격(2015. 11. 4))

다. 즉, 아래 표의 배출권가격 상승세는 현재의 에너지수급과는 무관하다. 그것은 바로 파리합의문 채택에 따른 신기후체제가 유럽 배출권시장의 연속성을 제공할 것이라는 기대심리로 해석할 수 있다.

2015년의 대미를 장식한 또 다른 사건은 바로 미국 연방준비위원회의 금리인상이다. 이번 금리인상은 파리회의가 열리는 기간에 미국 의회에서 금리인상 관련 청문회를 개최한 이후 발표되었다. 대외경제 환경을 고려할 때 신기후체제의 채택 여부는 글로벌 정책변수 중의 하나다. 즉, 파리합의문 채택으로 신기후체제에 대한 정책불확

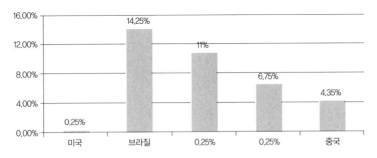

미국 연방준비위원회 금리 인상 이후 신흥국의 자국통화 가치 하락 우려 (출처: 불름버그)

실성이 제거되었다는 확신이 섰을 것으로 추정된다. 이번 미국의 금리인상은 달러를 더욱 강하게 만드는 효과를 가져와 신흥국들의 자국통화 가치 하락이 가속화될 수 있다.

　미국 금리인상은 신기후체제 도입과 함께 글로벌 경제에 미치는 영향이 크다. 무엇보다도 미국의 지배력이 글로벌 에너지시장에서 크게 작용할 것이라는 전망이 가능하다. 달러가 강해지면 에너지자원을 가진 신흥국들의 성장속도가 조절되는 효과가 있는 것은 물론 석유수출국기구를 비롯한 에너지자원국들의 정치력 또한 무기력화시킬 수 있기 때문이다. 이렇게 미국이 달러를 무기화하는 데는 터키와 중동지역에서 중국과 러시아가 연대하여 미국을 압박하는 수위가 점차 위협적으로 변화하고 있기 때문이다. 러시아가 지분 확보로 에너지자원 경쟁을 주도한다면 미국은 에너지가격을 움직이는 주도권을 공고히 하겠다는 전략을 취하고 있다. 이러한 관점에서 볼 때, 미국은 금리의 추가인상폭이 아니라 추가인상 시기에 더 관심이 집중되어 있음을 알 수 있다. 즉, 파리합의문의 경제사회적 의미는 거시경제의 큰 틀 속에 탄소배출권이 글로벌 경제변수로 작용하게 되었다는 것으로 해석된다.

　파리합의문이 국내 배출권거래에 미치는 영향은 보다 직접적이다. 파리합의문 채택은 올해 시작된 국내 배출권거래가 연속적으로 제도로서의 힘을 발휘하는데 결정적인 역할을 할 것이다. 제도의 연속성은 정책불확실성에 대한 우려를 잠재울 수 있다. 즉, 그 동안 제도가 시장기능을 발휘하는데 힘이 부족해서 저감기술을 발굴하는데 충분한 유인이 부족했다면 이제는 파리합의문 채택을 계기로 잠재된 저감기술에 대한 상용화가 탄력을 받을 것으로 전망된다. 그것은 탄소시장이 국내 단일 시장이 존재할 때 보다 국제규모의 탄소시장이 전개될 경우 기술개발의 수요처가 다양해지기 때문이다. 특히 국내 산업구조와 같이 대외무역환경에 민감한 산업구조일수록 기술개발의 여지는 커진다.

또한 파리합의문 채택은 국내 배출권거래의 개선방안을 강구하는 데 보다 보편적 룰을 따르도록 유도할 것이다. 국내 배출권거래는 현재 직접배출량과 간접배출량을 모두 포함한 배출권거래라는 특이한 구조를 가지고 있다. 이것은 국내 전력가격이 시장이 아닌 규제에 의해 움직인다는 것을 과도하게 의식한데 있다. 시장은 시장참여자가 가격을 예측가능할 때 그 기능이 제대로 작동한다. 간접배출량은 전력생산량에 의해 결정된다. 즉, 배출권거래 당사자는 발전원 구성을 제어할 능력도 없고 발전원 구성을 예측할 수도 없다. 이러한 구조는 시장을 왜곡시키는 장애다. 따라서 이번 파리합의문 채택으로 글로벌 탄소시장이 탄생한다는 것은 국내 배출권거래가 제도적으로 성장하는 데 큰 역할을 할 것으로 기대된다.

국제탄소시장의 문이 열리다

탄소시장이란, 탄소배출권을 사고파는 시장이다. 배출권이란 오염물질을 배출할 권리를 말하며, 시장원리를 이용하여 이 권리를 사고파는 것이 배출권거래다.

배출권거래제가 환경규제를 위한 핵심정책수단으로 주목받는 이유는 감축성과를 정량적으로 관리 가능하고, 자가감축 보다 더 싼 배

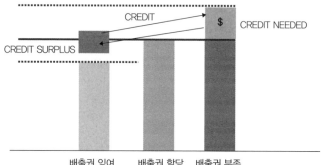

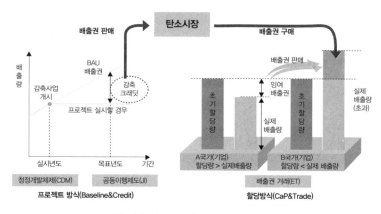

배출권 거래의 논리 체계(프로젝트 방식 vs. 할당 방식)

출권을 시장에서 구매할 수 있어 비용효과적이라는 장점이 있기 때문이다. 즉, 배출권거래제는 환경목표를 달성하기 위해 가격메커니즘을 활용한다. 환경자원에 대한 올바른 가격을 생성하여 자원배분의 효율성을 극대화할 수 있도록 의사결정을 유도하는 것이다. 그 다음으로 중요한 장점은 배출권에 대한 가격이 존재함으로써 감축기술을 촉진하는 시그널을 제공한다는 점이다. 즉, 기술개발에 대한 유인을 제공하여 미래세대를 포함한 사회전체의 후생을 증가시킨다는

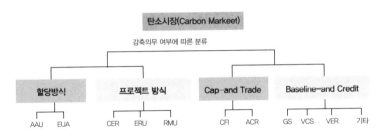

탄소배출권시장의 분류 체계

것[*]이다. 어려운 말로 동태적 정책효율성이 증대된다고들 한다.

탄소시장은 다음 그림과 같이 의무체제의 교토시장과 자발적시장으로 나뉜다. 이는 다시 총량이 고정되어 있는 할당방식Cap and Trade 과 프로젝트방식Baseline and Credit으로 나뉘는데, 베이스라인이란, 정책이 적용되기 이전의 상황을 설명하는 단어로 보통 기준선이라고 표기한다. 즉, 총량이 고정되어 있는 시장과 총량이 움직이는 시장으로 나뉘는 것이다. 자발적 시장 또한 동일한 기준으로 구분된다.

탄소시장, 즉 탄소배출권거래는 유럽연합 차원에서 먼저 시도되었다. 유럽연합 배출권거래제EU-Emissions Trading System, EU-ETS은 1단계 (2005~2007년)의 시범거래를 거쳐 2008년부터 교토체제와 같은 기간에 본 사업(2단계: 2008-2012년, 3단계: 2013-2017년)을 운영해오고 있다.

유럽연합과 가장 유사하게 배출권거래를 운영하는 곳은 아이러니하게도 미국의 동북부지역이다. 미국 동북부지역의 배출권거래 Regional Greenhouse Gas Initiative, RGGI[*]는 발전사들을 대상으로 운영하며,

---

[*] Jorgenson and Wilcoxen, 1990 ; Jaffe, Newell and Stavins, 2002
[*] RGGI에는 코네티컷, 델라웨어, 메인, 매사추세츠, 뉴햄프셔, 뉴저지, 뉴욕, 로드

할당 방식이 독특하다. 경매를 통해 배출권을 배분하고 있다. 경매수입은 주별로 배분되어 에너지효율향상 및 태양광, 풍력발전과 같은 청정 재생에너지의 연구개발 투자, 소비자 보상 프로그램에 활용된다. 일단 경매는 각 주별로 실시할 수 있도록 되어 있으며, 한 번의 경매에서 그 경매에서 제공되는 배출권의 25퍼센트 이상을 구매할 수 없도록 제한하였다. 여기서 주목할 것은 경매할당에서 배출권 구매를 제한한다는 것인데, 필자는 실험경제를 통하여 배출권 경매를 실시해 본 결과, 배출권 구매의 제한이 필요하다는 결론에 도달하게 되었다. 이는 배출권거래가 시장지배력이 어느 특정 기업에 집중되기 쉬운 태생적 문제로 인하여, 배출권 구매 상한을 두지 않아 자금여력이 많은 기업이 독식할 경우 시장가격이 한 기업에 의해 좌지우지되기 때문이다. 이렇게 경매에서 배출권 구매 상한을 두는 것은 경매가 줄 수 있는 시장효율성 면에서의 긍정적인 효과를 이 구매력 하나로 인해 희석되는 안타까움을 미연에 방지하기 위함이다. 이는 추후 시장안정화 방안으로 다시 논하겠지만 시장의 기능을 악용할 수 있는 여지를 사전에 막는 것도 시장을 설계하는 것에서 빼놓을 수 없는 중요한 일이다.

그밖에 호주, 뉴질랜드, 영국이 국가단위로 배출권거래를 운영해왔다. 호주와 뉴질랜드도 온실가스 의무감축을 위한 배출권거래제를 시행하고 있는데 규모는 유럽연합 보다 작지만 의무감축체제로 시행하고 있다.

아일랜드, 버몬트, 메일랜드의 10개의 주가 참여하고 있음.

배출권거래의 시장 참여자들

영국은 탄소배출권거래를 국가차원에서 가장 먼저 시행한 국가다. 유럽연합 배출권거래가 시행되면서 영국은 유럽연합 시스템에 편입되기 전까지 국가수준의 거래시스템을 유지하였다.

할당에 의한 배출권에는 감축사업에서 유래된 배출권도 있다. 즉, CER과 ERU가 있다. 감축사업에서 유래된 배출권은 위 그림과 같이, 계약 베이스로 형성된다. 즉, 배출권이 형성되도록 감축사업을 추진하는 사업관리자와 투자자가 있어야 하고, 이 사업에 대한 자원조달을 원활하게 이끌어갈 금융기관이 필요하다. 또 배출권이 만들어지면 구매자와 판매자를 연결해주는 브로커가 존재하고, 배출권을 사고 팔아 리스크를 관리하는 거래당사자들, 더 나아가 투기성 거래를 하는 투기거래자가 있다. 그리고 거래로 인해 발생할 수 있는 책임소재를 가려줄 법률대리인들도 있다.

CERCertified Emission Reduction은 교토의정서 상의 부속서 국가와 비부속서 국가 간에 이루어지는 청정개발체제Clean Development Mechanism, CDM의 방법론을 이용한 탄소배출권이다. 청정개발체제란 부속서에 포함되어 온실가스 감축의 의무를 지닌 국가가 비부속서 국가인 감축의무 없는 국가에 온실가스를 감축하거나 흡수하는 환

1. 사업 타당성 검토	• **사업개요서(PIN: Project Idea Note)** • 초기 타당성 평가, 적용 가능성 등록된 방법론 유무 • 관련 기구나 법규의 만족 여부 확인
2. 사업계획서 작성	• **사업계획서(PDD:Project Design Document)** • 기초데이터 수집 • UNFCCC의 양식과 요건에 맞게 사업계획서 작성
3. 타당성 평가 및 등록	• **Validation(타당성 평가)/DOE: Designated Operational Entity** • DOE기관에 의한 타당성 평가 • CDM집행위원회에(EB: Executive Board)의해 등록 심사 수행
4. 참여당사국 승인	• **국가승인기구(DNA: Designated National Authority)** • 지속가능한 발전에 기여하다는 주 내용 담은 승인서 발급 • 관련 주관 부처의 검토 및 자문회의
5. 모니터링	• **Monitoring** • 모니터링 계획에 의거하여 온실가스 감축량 산정을 위한 데이터 수집 및 모니터링 보고서 작성/ 데이터 관리 및 보관
6. 검증	**검증(Verification)** • 모니터링에 의한 모니터링 보고서의 수준 평가 및 절차평가
7. 인증	• **발행(Issuance)** • CDM EB에서 인증된 배출량을 발행, 레지스터리 등록 • 이익금 일부 징수–발행된 CERs의 2%를 개도국 지원금

청정개발체제 사업추진 체계

경투자를 이행하였을 경우 이에 상당하는 만큼의 배출권을 크레딧 형태로 획득할 수 있게 하는 메커니즘이며, 이 때 청정개발체제 사업을 통해 확보되는 크레딧, 즉, 탄소배출권을 CER이라고 한다.

CER의 생성과정은 아래의 그림과 같이 감축사업에 대한 사업개요

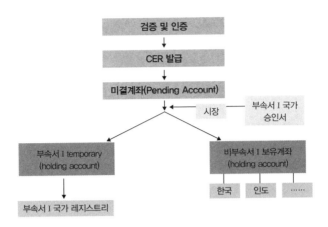

주1: 부속서 I 국가 레지스트리가 완료되면, 부속서 I temporary holding account는 없어지게 됩니다.
주2: 비부속서 I 국가 보유계좌에 존재하는 CERs을 다른 국가의 레지스트리로의 이동은 현재 불가능합니다.

청정개발체제 배출권 생성 과정

서를 작성하는 것에서 시작된다. 관련 기구나 법규를 충족시켜야 하는 과정이 필요하기 때문에 시간과 돈이 드는 사업이다. 이는 타당성 평가와 사업을 유치하는 국가의 승인 및 투자국의 승인을 받은 후 제 3자 검증을 거쳐 유엔산하에 있는 청정개발체제 이사회의 최종 승인을 받아 발행된다. 발행된다는 표현은 바로 현금과 같은 통화기능이 발생한다는 것을 의미한다.

반면, 부속서 국가의 공동 환경투자를 통해 획득하는 탄소배출권을 ERUEmission Reduction Unit, ERU라고 하며, 이때 승인된 환경투자를 공동이행이라 한다. EUA, ERU, CER의 각기 다른 유형의 배출권에 대한 시장가격은 별도로 형성되며, 청정개발체제나 JI의 사업유형에 따라서도 배출권 가격 차이가 존재하게 된다.

그러나 온실가스의 자발적 감축시장에서는 EUA, ERU, CER 등의 배출권 외에도 VERVerified Emission Reduction, PERProspective Emission Reduction, ERNon-verified Emission Reduction의 자발적 탄소배출권이 존재한다. 우리나라에서는 K-CERKorean CER이라 하여 자발적 형태의 탄소배출권이 존재한다.

왜 자발적 감축시장이 존재할까? 그 유인이 무엇일까? 왜 시키지도 않는 일을 하는데 돈이 될까? 그것은 자발적 형태의 배출권을 사는 사람이 있기 때문이다. 교토체제는 의무감축을 해야 하는 국가들과 그렇지 않은 국가들로 이원화된 구조를 가지고 있다. 즉, 교토체제 하에서 의무감축 대상국가들은 어떻게든 싸게 배출권을 확보해야 하지만, 그렇지 않은 국가들은 온실가스를 배출해도 된다. 아무런 동기가 없으면 의무감축 대상국가들의 배출량은 감소하지만 그렇지 않은 국가들의 배출량은 계속 증가할 것이다. 바로 이러한 이유 때문에 청정개발체제가 만들어진 것이다.

청정개발체제라는 동기부여가 의무감축 대상이 아닌 국가들의 감축을 가능하게 만든다. 즉, 경제적인 유인이 없이는 아무도 감축하지 않는다는 원리를 이용한 것이다.

그렇다면 배출권거래는 성공했나? 다수의 전문가들이 말한다. 유럽의 배출권거래는 실패했다고. 필자는 전혀 그렇지 않다고 말하고 싶다. 이 글을 읽는 몇몇 탄소금융 전문가들은 필자의 의도를 이미 읽었을 것이다.

배출권거래는 성공할 수밖에 없다. 이성적인 시장플레이어라면 당연히 자가감축 보다 싼 배출권을 시장에서 찾았을 것이다. 단지 가격이 폭락했다고 해서 배출권거래가 실패했다고 주장하는 것은 옳지 않다.

배출권거래소 운영현황

거래소명	거래상품	회원사	특징
ECX(런던)	EUAS,CERs	83	EUA거래의 약 75%이상 차지 현물거래 및 선물거래
EEX(독일)	전력, EUAS	98	EUA거래의 약 3~4%차지 현물거래 및 선물거래
NordPool(노르웨이)	전력, EUAS	114	EUA거래의 약 7~8%차지
EXAA(오스트리아)	전력, EUAS	29	EUA거래의 약0.1%차지 현물거래
Powermex(프랑스)	전력, EUAS	78	EUA거래의 약13~14%ckwl 현물거래
Climax(네델란드)	CERs	20	선물거래
GME(이탈리아)	전력, EUAS		준비중
Sendec02(스페인)	EUAS	25	현물거래

유가가 폭락했다고 해서 원유시장이 실패했다고 하지 않는 것처럼.

배출권거래제는 시범사업 형태로 운영되기 시작한 2005년 1월 이후 탄소배출권의 거래물량이 꾸준히 증가했다. 2004년 물량 기준으로 9400만 이산화탄소톤, 금액 기준으로 3억7700만 유로로 시작했지만, 2007년 기준으로 약 400억 유로를 육박한 바 있다. 유럽연합 시장거래의 상당부분은 전체 거래의 약 40퍼센트를 차지하는 OTC에 의해 수행되고 있다. 거래소를 통한 거래 역시 증가하고 있어 2007년의 27퍼센트에서 2008년의 37퍼센트로 급상승하였다. 이처럼 이전보다 거래소 비중이 증가한 것은 국제 신용시장의 리스크 확대로 거래자들이 공식적인 장거래를 선호하기 시작한 것에 기인한다. 실제로 2008년 4분기에 거래소 물량은 OTC 규모를 상회했다.

배출권거래에서 가장 민감한 사항은 할당이다. 유럽연합 배출권거래의 할당방식과 관련해서는 무상할당과 경매방식이 함께 사용되면서 이행 기간별로 비율의 차이가 있다. 먼저 1단계에서는 전체 배출원의 95퍼센트를 무상할당Grandfathering방식으로 배분하고 5퍼센트에 한해 경매 방식을 허용하였다. 하지만 실제로 1단계에서 경매를 실시한 국가는 덴마크, 헝가리, 아일랜드, 리투아니아의 네 개 국가에 지나지 않는다. 경매를 실시한 국가들의 경매를 실시한 비율을 살펴보면 덴마크가 전체의 5퍼센트(5억 개의 배출권), 헝가리는 전체의 약 2.5퍼센트(약230만개), 리투아니아가 전체의 1.5퍼센트(약 55만개), 그리고 아일랜드가 전체의 약 0.75퍼센트(50만개)에 이르며, 직접 경매를 실시한 이상의 네 개의 국가 외에 오스트리아, 프랑스, 이탈리아, 라트비아, 룩셈부르크, 네덜란드, 스페인, 스웨덴, 영국 등이 신규 진입 기업을 위한 예비량에 대해서 경매를 허용하는 조치를 취하였다.

향후 2단계와 그 이후에는 경매 방식의 비중을 차츰 늘려나가고 있다. 3단계가 시작되는 2013년에는 20퍼센트, 3단계가 끝나는 2020년에는 100퍼센트 경매를 통해 배분할 계획이다.

유럽연합의 NAP에서 밝힌 국가별 할당량을 보면, 오스트리아(-3%), 이탈리아(-4.1%), 그리스(-0.2%), 아일랜드(-16.4%), 스페

2단계에서 유럽 국가들의 경매에 따른 배분 비율 (%) (출처: EU Commission)

국가	독일	영국	헝가리	네덜란드	리투아니아	오스트리아	폴란드	아일랜드	벨기에
경매 비율	8.8	7.0	5.0	4.0	2.8	1.3	1.0	0.5	0.3

인(-6.3%), 영국(-17.7%)을 제외한 19개국은 과도하게 할당된 것으로 분석되었다. 특히, 벨기에(29%), 덴마크(25.9%), 에스토니아(24.6%), 라트비아(29.9%), 라트비아(51.1%) 등은 20퍼센트 이상 초과 할당한 것이 밝혀지면서 시장가격이 하락한 것은 사실이다.

배출권거래가 정책효과를 발휘하게 된 이유 중의 하나는 온실가스 측정·보고·검증제도 Measurement, Reporting, Verification, MRV)가 존재하기 때문이다. 즉, 배출권거래 대상자들은 자체 배출량과 감축량을 측정하고, 규제기관에 보고하고, 제3차 인증기관에 배출량과 감축량을 검증 받아야 한다. 이러한 엄격한 과정들이 배출권거래의 정책효과를 정량적으로 추적할 수 있게 한다. 배출권거래를 총량규제의 꽃으로 보는 이유가 바로 여기에 있다. 탄소세와는 달리 감축을 실현한 주체가 확실하다는 점이 장점이다.

유럽연합 배출권거래의 경우, 사업장은 매년 배출량을 보고하도록 되어 있으며, 매년 회원 국가들은 유럽연합 집행위원회European Commission에 배출량 보고서를 제출한다. 호주는 정부의 회계감사위원회Auditing and Assurance Standard Board에서 마련하는 기준과 국가 온실가스 및 에너지소비량 보고 체계에 의한 가이드라인에 기반을 두고 시행함을 원칙으로 한다.

우리나라는 배출권거래를 필두로 기후변화와 관련한 정책조합을 마련해가는 과정에 있다. 아직 탄소세는 도입되지 않았지만, 2012년부터 발전사를 대상으로 신재생에너지할당제Renewable Portfolio Standard, RPS가 시행되어 발전사들은 전력생산에 있어 신재생에너지 크레딧을 일정 비율 이상 의무적으로 구매해야 한다.

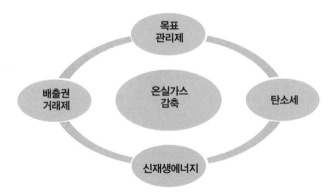

우리나라 기후정책 믹스

신재생에너지할당제는 2012년부터 신재생에너지 전력의 구매의무비율을 총 발전량의 2퍼센트에서 시작해서 2022년에는 10퍼센트까지 늘릴 계획이다. 이 때 배출권거래제와 탄소세, 신재생에너지할당제가 발전부문에 어떻게 적용되느냐에 따라 각 제도의 성과가 상이하게 나타날 것이다. 그리고 제도 간에 상충 내지 중복 문제를 해소해야 한다. 즉, 이산화탄소 감축에 대한 사회적 비용이 이중 부과되지 않아야 기업들이 설비투자를 보다 탄소중립적으로 계획하게 된다.

현재까지 한국형 신재생에너지 크레딧Renewable Energy Credits, REC는 태양광과 비태양광으로 나뉜다. 두 개로 분리해서 크레딧 시장을 설계했던 이유는 두 크레딧의 비용이 크게 다르기 때문이었다. 그러나 지금은 기술개발에 따라 두 개의 크레딧이 수렴하는 양상을 보이고 있다. 조만간 두 개 시장을 통합한다는 얘기가 나올 것이다.

이것이 시장의 묘미다. 시장은 정책입안자의 손을 떠난다. 그래서 더더욱 무소불위를 휘두르는 집행기관이 존재하지 않는다. 아니 존

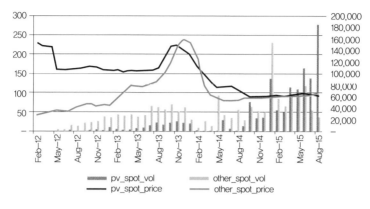

우리나라 신재생에너지 크레딧 거래 현황

(주: pv는 태양광, spot은 현물, vol은 거래량을 의미. 출처: 전력거래소)

재하지 않아야 한다. 그만큼 시장은 시장원리에 의해 철저히 움직이게 되어 있다. 만약 시장이 불안정하다면 그것은 시장이 잘못된 것이 아니라, 시장을 잘못 운영하거나 시장에 대한 확신이 아직 정착하지 못했기 때문이다.

국내 배출권거래는 2015년 1월부터 시작되어 1이산화탄소톤당 약 1만원에 거래되고 있다. 거래참여자들은 전력 부문이 79.5퍼센트, 매립지 운영자가 11.4퍼센트 정도 된다. 당초에 우려했듯이 거래가 적은 것은 사실이다. 그러나 거래가격이 존재한다는 것은 시장에 대한 확신이 부족해서 그렇지 시장이 작동한다는 것이다. 배출권거래를 좀 더 활성화하기 위해서는 아직 산적한 문제들이 많다.

우선 거래가격을 예측할 수 있어야 한다. 아직까지 할당이 어느 정도 타이트한지에 대해서는 아무도 모른다. 가장 중요한 거시경제지표들이 불안하기 때문이다.

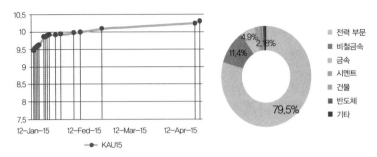

우리나라 배출권 거래가격 추이(단위: 천원/t CO₂)**와 시장참여자 구성비**

정부의 배출권거래제 설계의 큰 방향은 온실가스 감축을 비용효과적으로 달성하는데 있다. 그렇다면 온실가스 배출에 대한 사회적 비용을 어떻게 분담하느냐가 관건이다. 이는 배출권 할당과 직결된다. 현재까지 적용되고 있는 무상할당으로는 사회적 비용 배분에 있어 여러 가지 사회적 문제를 안고 가는 것이 된다. 다시 말해, 유상할당의 필요성을 정리하면 다음과 같다.

첫째, 배출행위는 하는 대상에게 배출권의 초기할당을 무상으로 부여하는 것은 오염자부담의 원칙을 성실히 이행하는 데 걸림돌로 작용할 것이라는 지적이다. 무상할당의 권한이 정부에 집중될 경우 가격통제의 기능이 추가적으로 불가피하게 적용되면서 배출권의 본질적인 가치와는 무관하게 기형적으로 운영될 가능성이 높기 때문이다. 이렇게 배출권 시장이 가격기능을 상실할 경우 추후 치유하기 힘든 왜곡상태에 빠지게 되면, 배출권거래를 통하여 저감비용을 최소화하고자 한 순수한 의도의 시장참여자들이 시장을 이탈하게 될 우려가 있다.

둘째, 배출권 거래를 통한 편익은 불완전경쟁체제하에서는 보장될 수 없다. 특히, 에너지다소비업종의 소수 기업들에 집중되기 쉬운 배출권시장에서는 무상할당으로 인한 시장지배력 집중현상이 심각한 비효율성Muller(1998) – 뒤 참고문헌 리스트에 없습니다. 확인필요합니다.)으로 나타나기 때문에 이를 견제하기 위한 인위적인 정부규제, 즉, 옥상옥을 필요로 하게 된다."

유상할당은 기업의 반대가 거세다. 왜냐면 무상할당과 유상할당에 따라 기업이 지불해야 하는 비용은 천지차이이기 때문이다. 무상할당은 초기에 할당된 배출량은 무상으로 부여받는다는 것을 의미하기 때문에 이를 초과한 배출량에 대해서만 비용이 발생한다. 그러나 유상할당은 배출한 만큼 배출권을 확보해야 한다는 것을 의미한다. 물론 유상할당 100퍼센트의 경우다. 따라서 이러한 유상할당의 진입장벽을 해소하기 위해 논의된 것이 바로 탄소세다.

탄소세는 조세저항으로 도입 자체가 어려울 뿐, 도입이 결정되는 순간부터 세수가 확보된다. 정부로서는 마다할 이유가 없다. 그럼에도 불구하고 우리나라가 배출권거래를 먼저 도입한 이유는 바로 배출권거래의 성과관리가 명확하다는 장점과 탄소세의 조세저항이 커서 도입시기가 지연될 우려 때문이다.

국내 배출권거래제의 성공적인 운영을 위한 기본원칙은 다음과 같이 제시될 수 있다. 즉, 배출권거래제의 효율적인 운영을 통해 소기의 성과를 달성하기 위해서는 이러한 요건을 중기적으로 갖추는 방향으로 설계될 필요가 있다.

• 단순성: 배출권거래제의 성공적인 시범사업 운영을 위해서는 참여자들의 이해도를 높일 수 있도록 단순성이 확보되어야 한

다. 단순성의 확보는 참여기업이 온실가스 감축과 배출권 구매라는 옵션을 비교할 때 명료한 비용편익 분석이 가능토록 해줌으로써, 사회적으로는 가장 비용효과적인 저감수단이 채택되도록 유인하는 결과를 제공한다. 결국 감축성과를 정확히 평가하기 위해서라도 배출량 산정 및 보고체계, 레지스트리 및 거래시스템의 운용에 있어서 참여자 중심으로 편리한 환경이 구축되어야 한다.

- 투명성: 온실가스 측정·보고·검증제도, 배출권의 거래이전 등과 관련된 규칙과 경제적 활동이 명료하게 이해될 수 있도록 제도가 설계되어야 한다. 투명성의 확보는 참여자와 정책운영기관 사이의 비대칭적 정보를 해소함으로써 장기적으로는 배출권 거래제의 신뢰 자체를 제고하는 긍정적 효과를 제공한다.

- 호환성: 온실가스 시장은 강제적 시장, 자발적 시장, 국내시장, 국제시장 등 다양하게 분류되는 바, 제도의 충돌이 없는 한 이들 시장간 배출권이 가능한 한 호환성을 갖도록 설계되는 것이 중요하다. 호환성의 확보는 배출권거래제 자체의 장기적 발전가능성을 높이며, 아울러 충분한 유동성을 제공함에 따라 사업자의 리스크를 저감하는 효과를 제공한다.

- 일관성: 배출권거래의 제도설계는 정치적 산물로서가 아닌, 합리적인 규제설계자의 관점에서 이루어져야 하며, 제도의 본연의 목적에 충실한 형태로 일관되게 운용되어야 한다. 제도의 잦은 변경은 거래제에 대한 참여자의 신뢰를 하락시키며, 거래제 참여를 위축시키는 결과를 초래할 수 있다. 일관성의 확보는 제도

자체의 신뢰도를 높이며, 제도의 이해관계자로 하여금 합리적으로 경제적 행위를 조정할 수 있는 계기를 제공함으로써 정책효과를 극대화할 수 있다.

배출권거래제가 성숙화 단계에 이르기 전까지는 가격상한제와 같은 장치를 통해 가격안정화를 부분적으로 도모할 필요가 있다. 정부는 배출권의 공급을 조절하고, 특정 가격을 목표로 설정하는 범위까지 공급 수준을 조절한다. 배출권시장과 경매에서의 가격들은 시장 상황에 따라 변동하고 심지어 종종 가격 상한 수준을 넘을 수 있기 때문에, 이와 같은 가격상한의 목적은 규제대상 사업자들에게 거래제도하에서 그들에게 할당된 양을 배출하기 위해 배출권을 인도하는 것 대신 현금 지불을 하게하는 선택을 제공하도록 한다.

의무불이행에 대한 제재는 배출권거래제도의 효율성 및 안정성 확보와 밀접한 상관관계가 있는 것으로 강한 페널티 부과를 사전에 예고하여 초기 할당된 배출권 보다 실제 배출량이 초과되지 않도록 유도해야 한다. 그러나 페널티를 최종적으로 부과하기 전에 1개월의 유예기간을 설정하여 의무불이행참여자가 자발적으로 문제를 해결할 수 있는 기회를 제공하는 방안도 검토할 필요가 있다. 의무불이행에 대한 제재 외에도 판매자와 구매자 간의 부정행위, 사업장의 배출량 보고 및 검증기관의 부정행위 등에 대해서도 다양한 강도의 벌칙 조항을 마련하여 배출량 산정 · 보고의 신뢰도를 확보하도록 한다.

우리나라 정부는 이번 파리회의에서 자발적 감축목표를 대외적으로 선언하고 감축행위에 대해 지원방안을 발표하였다. 이러한 국제

사회를 향한 제스처는 파리합의문이 국제법 테두리 안의 법적구속력이 없다 해도, 국내 경제에 미치는 영향은 직접적일 수밖에 없다. 왜냐면 정치적인 구속력이 따를 것이기 때문이다.

이미 우리는 2015년부터 배출권거래를 시행하고 있고, 2012년부터 발전 부문의 신재생에너지 의무할당제도를 운영해오고 있다. 이번 파리합의문은 이런 기존제도가 실현가능성에 있어서 문제가 뭔지를 짚어보는데 크게 기여할 것으로 보인다. 즉, 현실적인 정책조합을 위해 기존 제도는 한층 강도를 높이는 방향으로 갈 수밖에 없다.

3.2 북극권국가의 기후정책

북극권 국가의 기후정책은 크게 탄소세와 신재생에너지정책으로 대별된다.

북극권국가들의 에너지-기후정책을 지속가능개발 성과지표를 통하여 진단해보면 다음 그림과 같다. 북극이사회 회원국 중 상대적으로 경제, 에너지, 보건, 군사 면에서 가장 균형 잡힌 성장을 하고 있는 국가는 미국으로 평가된다.

한편 캐나다와 러시아는 방위산업 면에서 가장 대조적인 성과지표를 보여주는데, 캐나다는 북극이사회 회원국 중 방위산업에 대한 투자가 가장 적은 반면, 러시아는 군사목적의 투자가 가장 큰 국가로 꼽힌다. 스웨덴의 경우 배출량이 가장 인구대비 적은 국가로 핀란드와 함께 기후정책을 성공적으로 이끈 국가로 평가된다. 이는 이들 국가의 조세

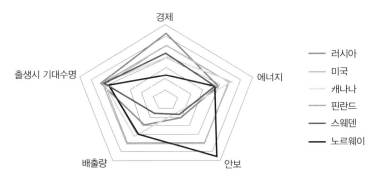

북극권국가들의 지속가능개발 지표 비교

(본 자료는 WDI(World Development Indicator) 자료를 지속가능개발 지표 중심으로 정리한 것이다.)

체계가 탄소세에 기반을 두고 있다는 점을 그 배경으로 들 수 있다.

이러한 온실가스 배출실적과 기후정책의 성과를 연결해서 설명할 수 있는 자료가 바로 1인당 온실가스 배출추이와 조림사업과 신재생에너지정책에 따른 감축효과다. 즉, 다음 그림을 보면, 북극이사회 회원국 중에서 2005년 대비 온실가스 배출량이 줄어든 국가는 러시아와 노르웨이를 제외한 대부분의 북극이사회 회원국들이다. 이와는 대조적으로 전 세계 배출량과 동북아 국가들은 2005년 대비 2011년

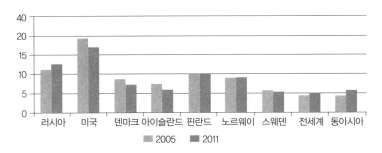

북극이사회 회원국의 1인당 온실가스 배출추이(출처: WDI, 단위: tCO2)

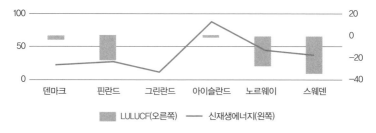

북극권국가의 조림사업으로 인한 온실가스 감축률(%)과 신재생에너지 비중(%)

온실가스 배출량은 증가하였다.

물론 미국의 경우는 셰일가스가 온실가스 감축에 가장 큰 기여를 하였지만, 그 외의 북극권 국가들은 다음 그림과 같이, 탄소세를 도입하고 LULUCF와 같은 조림사업과 신재생에너지 보급에 적극적이었기 때문이다. 특히, 아이슬란드는 지열, 노르웨이와 스웨덴 등은 수력과 태양열 등 신재생에너지 비중이 총 전력생산의 20퍼센트가 넘는다.

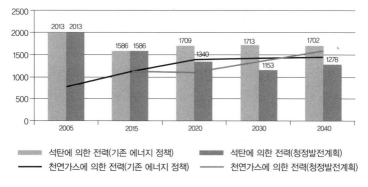

북극권국가의 조림사업으로 인한 온실가스 감축률(%)과 신재생에너지 비중(%)

우선 미국의 기후정책은 지난 2008년-2012년 동안 미국은 오바마 정부의 발전부문에 대한 강력한 청정연료사용정책이 그 힘을 발휘했다. 정책효과는 발전 부문의 석탄사용 비중이 49퍼센트에서 37퍼센트로 감소한 반면 천연가스는 21퍼센트에서 30퍼센트까지 증가하였다. 그 배경에는 석탄가격과 가스가격 간의 상대가격의 변화가 동인으로 작용하였는데, 석탄의 상대가격이 2009년 이후 급격히 상승하였다.

즉, 다음 그림의 기존 에너지정책 대비 석탄발전을 과감히 줄이기로 한 청정발전계획Clean Power Policy, CPP은 실질적인 정책효과를 발휘했다고 평가된다(NERA(2014)). 즉, 청정발전계획은 확실히 이산화탄소 배출이 2005년 대비 11.7퍼센트 감소하는데 기여했다.

이 정책효과는 산업구조 변화와 연료대체로 즉각적인 영향이 나타나고 있다. 결과적으로 미국의 자국 내 석탄생산은 감소할 전망이며, 그 효과로 2040년 가스생산은 48퍼센트 증가할 전망이다. 특히 2014

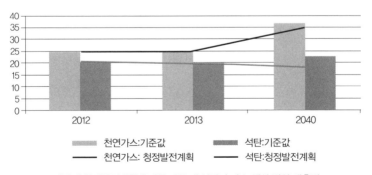

미국의 청정발전계획에 따른 자국 내 석탄과 가스 생산 변화 예측값

(출처: 미국 에너지정보국(2015))

년 11월 아시아태평양경제협력체APEC 회의 중 미국과 중국이 온실가스 감축에 공조하기로 합의한 이후 기후정책이 강화되면서 신재생에너지 비중 또한 증가될 전망이다. 즉, 향후 3년 내 신규전력 생산의 삼분의 일이 신재생에너지로 채워질 전망이다.

다음은 북구유럽의 대표적인 기후정책 수단인 탄소세를 소개하고자 한다. 탄소세는 배출권거래와 함께 대표적인 시장 메커니즘이다. 배출권거래가 배출량의 총량을 정한 뒤 배출권가격을 시장에 맡긴 제도라면, 탄소세는 세율을 정한 뒤 탄소배출량을 소비자에 맡기는 제도라고 할 수 있다.

탄소세를 시행한 북구유럽이자 북극권 국가들의 사례를 보면, 탄소세 도입의 가장 큰 장벽은 바로 산업계의 국가경쟁력 저하에 대한 우려다. 북구유럽들의 탄소세 시행에 따른 국제경쟁력 저하를 다루는 방법은 크게 두 가지로 분류된다.

첫째, 탄소세율을 낮게 시작했다. 즉, 탄소세 도입에 의의를 두고 세율을 무리하게 높이지 않았다는 점이다. 더 중요한 것은 낮은 세율에서 출발하는 대신 면세, 감세, 환급 등에 대한 조항을 '원칙적으로' 두지 않는다는 것이다. '원칙적으로'라는 표현은 여기서 불가피하게 써야 한다. 그 이유를 독자들은 곧 알게 될 것이다. 예외 없는 것은 없으니까. 이는 전반적인 부담을 완화하여 산업계의 비용부담을 줄이고, 대신에 특별한 조항을 두지 않음으로써 산업계와 정부 사이의 협상 지연 등에 따른 거래비용을 최소화시키는 방향이다. 단, 세율이 낮은 수준이기 때문에 환경을 개선하는 편익은 작을 수밖에 없으며, 선언적인 의미의 탄소세라고 할 수 있다. 이 경우 장기적인 계획에 의하여 탄소세율을 세계 목표를 달성하는 수준으로 점진적으로 접근하는 방안을 모색하는 것이 요구된다.

둘째는 산업경쟁력을 고려하여 탄소세 부담이 큰 기업에 한하여 탄소세의 환급, 감세, 면세 규정을 두었다. 이는 앞에서 언급한 부분과 논리적으로 배치된다. 뿐만 아니라 탄소세 부담이 큰 기업은 배출 집약적인 경우가 대부분이라 이들 기업에 탄소세 환급, 감세, 면세 규정을 두는 것은 오염자지불원칙에도 어긋난다. 이와 관련하여 북구유럽의 경우, 다른 정책수단과 결합하여 세수환원을 다양하게 시도했다. 특히 기존의 왜곡된 조세제도를 교정하는 데 활용되었다.

탄소세를 이용해서 세수를 활용한 사례는 국가별로 다양하다.

우선, 스웨덴과 핀란드는 주로 소득세를 낮춤으로써 세수를 환류하고 있다. 스웨덴의 경우, 오랜 기간 동안 노동비용에 소득세의 압력을 낮추는 세금정책 목표를 정하여 왔다. 이들 두 나라의 세제 개편은 탄소세나 에너지세가 투입되는 만큼 일부 소득세를 감면해 주었다. 이는 스웨덴의 1989년 초기 환경세 개편과 2001년 이후의 조세개편에서도 찾아볼 수 있다.

덴마크는 재정운영 차원에서 탄소세 세수를 활용하고 있는데 고용주의 사회보장기여금을 낮추어 물가상승 압력을 피하고 있다. 그러나 이러한 시도는 탄소세 도입으로 늘어나는 세수와 줄어든 사회보장기여금이 일치하지 않는 문제를 야기시킨다.

그러나, 일반적으로 탄소세의 세수는 재정적자를 완화시키고, 재정수지에 기여하거나, 재량적 정부지출의 증대를 위한 재원조달에 기여해 왔다. 또한, 노동이나 자본시장의 왜곡을 줄이고 경쟁력을 제고 하고, 환경세에 대한 공공의 수용성을 제고하기 위해서 다른 세금의 재량적 감세의 여지를 제공한다.

탄소세를 부과하는 정책을 사용할 때, 세율에 대한 결정은 가장 중요한 이슈 중의 하나다. 탄소세율은 적정한 수준에서 설정되어야 한다. 여기서 적정 수준이라 함은 탄소세가 외부비용을 반영하고 있는 수준을 의미한다. 그러나 환경적 피해 수준이나 저감비용 등에 대한 정확한 정보가 거의 없는 현실을 고려할 때, 적정한 단소세율을 결정한다는 것은 매우 어려운 일이다. 이러한 정보의 부족으로 외부비용을 반영한 탄소세율은 이론적으로는 가능하지만 '조세저항'과 '세수균형'*이라는 현실의 벽에 부딪친다. 이에 대한 대안으로 제시되는 경제학적 접근은 특정한 환경목표를 달성할 수 있도록 적정한 유인을 제공하는 세율수준을 설정하는 것이다.*

세계적으로 적절한 탄소세율에 대한 자료는 많다. 테리 바커의 연구에 따르면 대기상의 온실가스 농도를 450~550ppm으로 안정시키는 목표를 달성하고 지구의 평균 온도 상승을 섭씨 2도 정도에서 막기 위해서는 2010년에 톤당 약 10유로 수준에서 출발하여 2020년에 톤당 20~30유로 정도의 탄소비용(탄소세)이 적용되어야 함을 제시하고 있다.*

탄소세를 시행할 때 또 다른 중요한 포인트는 다른 정책들과의 조화다. 어떤 정책은 탄소세와 결합하여 탄소세의 효과를 상쇄시키거

---

* 앞에서도 언급한 것처럼 새로운 조세가 생기거나 없어질 때 빈 공간을 무엇으로 메울지에 대한 대안이 항상 준비되어야 한다.
* Anderson (2000)을 참조할 수 있다.

나 악화시키는 역할을 할 수도 있는 반면, 또 어떤 정책은 탄소세의 효과를 강화시키기도 한다. 따라서 탄소세와 더불어 시행되었을 때 세금의 효과를 환경적으로 또는 경제적으로 개선시키는 방안을 고려하는 것이 탄소세 설계에서 아주 중요한 사항이다.

일반적으로 북구유럽을 벤치마킹하여 탄소세를 도입한다고 가정하자. 그러면 탄소세 세율을 크게 시작할 수 없다. 따라서 시행초기에 적용된 낮은 세율로는 탄소세의 모든 기능을 발휘하기 어렵다. 즉, 세율이 낮은 만큼 기술진보와 결합되어 시너지를 발휘하는 데 역부족일 수밖에 없다. 이러한 현실적인 문제를 고려할 때 다음과 같은 대안이 가능하다. 즉, 탄소세 도입초기에는 탄소세를 낮은 수준으로 시작하지만 점차적으로 늘려가야 하고, 탄소기술개발이나 에너지효율투자에 성공한 산업이나 기업에 세금 환급을 허용하는 방안이다. 이는 탄소세가 명실상부하게 살아있음을 인지시키고 당근과 채찍으로 기업이 능동적으로 반응하도록 유도하는 것이다. 해외사례를 보더라도, 탄소세를 부과하면서 자발적협약*Voluntary Agreement, VA 참여를 유도하는 방식의 정책결합은 정책 효과 측면에서 유효한 것으로 나타났다.

핀란드의 제지산업과 화학산업의 경우, 탄소세나 에너지세가 기업들로 하여금 자발적협약에 참여하려는 관심을 유발했다는 연구결과

---

* 자발적 협약이란, 제도적으로 규제대상이 아닌 기업이나 업종이 스스로 감축을 하도록 유도하는 제도이다. 물론 금융지원과 같은 경제적인 인센티브를 제공할 수 있다. 또 다른 유인은 단계적으로 규제대상이 확대됨을 고시하여 미리 준비하는 기업이 경쟁력을 확보할 수 있다는 '예고'를 하는 방법이 있다.

도 있다.[*] 덴마크의 경우, 에너지절약에 대한 보조금이 탄소-에너지 세의 효과를 확대시켰다는 사례 보고도 있다.[*]

기후변화와 관련하여 탄소세와 배출권거래 같은 비용효과적 접근은 경제주체들의 한계저감비용을 균등하게 할 뿐만 아니라, 미래의 한계저감비용을 낮추는 노력도 유도한다. 즉, 정책예시효과를 기대할 수 있다.

탄소세와 배출권거래는 기존의 연구개발 지원정책과 여러 면에서 다르다. 연구개발 지원정책은 세부적인 응용기술에 집중되어 기술개발의 폭이 제한될 수 있다. 이와는 달리 탄소세와 배출권거래는 전반적인 기술개발의 인센티브를 제공한다는 점에서 보다 포괄적이고 합리적이다 할 수 있다.

배출권거래와 탄소세를 포함한 기후정책 패키지가 국가별로 어떻게 영향을 미쳤는지를 한 눈에 알아보기 쉽게 정리한 그림[*]을 소개하고자 한다. 소득탄력성 데이터를 이용하여 국가별로 이산화탄소 배출량 대비 소득탄력성을 쿠즈네츠 곡선에 대입한 것이다. 북극이사회 회원국을 I 그룹과 II 그룹으로 분류하고, 비북극권 국가를 또 다시 선진국과 개도국으로 나눴다. 그 결과 핀란드, 아이슬란드, 노르웨이는 개도국과 비슷한 패턴으로 우상향 곡선을 보여준다, 북극이

---

[*] Hilden et al. (2004)을 참고
[*] Enevoldsen (2005)을 참고
[*] 김효선 · 이성로(2015)의 working paper에서 발췌하였음. 본 연구는 이성로 · 김효선(2014) 논문을 북극이사회 회원국으로 연장한 논문으로 비선형 공적분모형을 이용하여 이산탄소배출량의 소득효과를 시간에 따라 서서히 변하는 것으로 모형화하였음.

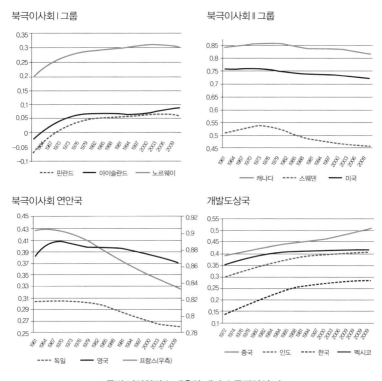

그룹별 이산화탄소 배출량 대비 소득탄력성 비교

사회 II 그룹은 캐나다, 스웨덴, 미국인데 이들 국가들은 쿠즈네츠 곡
선이 말하는 전형적인 선진국의 패턴을 보여주고 있다. 이와는 대조
적으로 개도국의 이산화탄소 배출량 대비 소득탄력성은 북극이사회
I그룹과 마찬가지로 우상향 패턴을 보여주고 있다. 전반적으로 북극
이사회 II그룹과 북극이사회 연안국인 선진국그룹은 소득탄력성이
시간에 대해 감소하고 개도국과 북극이사회 I그룹은 소득탄력성이
시간에 따라 점차 증가하고 있다.

쿠즈네츠 곡선이란, 원래 소득분배의 균등도가 경제발전의 초기

단계에는 점점 떨어지다가, 경제발전이 성숙 단계에 들어서면 다시 높아지는 현상을 말할 때 사용한다. 이를 환경에 적용할 때는 '소득이 증가할수록 환경은 악화되지만 어느 점을 지난 후에는 환경이 개선된다'라는 가설로 활용된다. 세계은행(1992)을 비롯하여 많은 사람들이 환경오염과 국민소득 간의 관계가 어느 정점을 지나면서 역전하는 패턴에 대해 연구해 왔다.

여기서 소개한 김효선·이성로(2015)의 연구결과는 북극권 국가들이 8개 국가밖에 안되면서도 얼마나 다양한 구성원들로 이루어졌는지를 보여준다. 특히 핀란드, 아이슬란드, 노르웨이는 탄소세와 신재생에너지 비중에 있어 이들 만한 국가들도 없다. 그런데 개도국과 비슷한 패턴을 보인 것은 그 배경이 필자도 궁금하다.

그럼에도 불구하고 북극권국가들은 국내 기후정책에 주는 많은 시사점을 제공한다.

첫째, 동일한 감축목표를 달성하는 데 있어, 효율성을 감안한다. 이때, 효율성은 전반적인 저감비용의 절감을 물론, 배출권거래 도입 시 거래비용과 레지스트리 관리비용 등 행정비용의 최소화를 포함한다. 즉, 조경엽의 실증분석 결과에서 나타난 바와 같이, 동일한 감축목표를 달성하기 위해서는 배출권거래와 같은 시장메커니즘을 적용하는 것이 직접규제방식을 적용하는 것보다 비용효과적이다.[*] 따라서, 온실가스 목표관리제와 같은 직접규제방식은 배출권거래나 탄소세로 대체하는 것이 효율성 면에서 바람직하다. 즉, 2015년 배출권거래 도입은 현명한 판단이다. 우리나라 간판정책으로 힘을 받길 희망한다.

둘째, 경제주체의 행위변화가 실질적인 온실가스 감축으로 실현될 수 있도록 충분한 '당근'과 '채찍'이 필요하다. 이때, '당근'은 규제대상에 포함되지 않지만 조기행동으로 온실가스 감축을 이행하는 사업장에 대한 보상, 즉 경제적 인센티브를 의미하고, '채찍'은 엄격한 패널티를 의미한다. 현재의 배출권거래는 패널티가 '1만원'으로 알려지면서 '채찍'이 부재해 보인다는 것이 문제다. '당근'도 맛있어 보여야 하지만, 먹은 말들한테 입소문이 나야 한다. 그리고 '채찍'도 아프다는 소문도 나야 한다. 이것이 정책예시 효과다. 배출권거래는 규제가 아니다. 그러나 규제가 엄격하지 않으면 존재의 의미가 퇴색되는 규제시장이다. 따라서, 패널티에 대한 부분이 얼마나 엄격한지가 시장이 움직일 수 있는 동력이 된다. 추가로, 탄소시장에도 서열을 명확히 해야 한다, 즉 할당시장인 배출권거래(협의의 의미)와 배출권거래 경계 밖에서 이행되는 저감사업에서 파생된 저감실적, 즉 '상쇄 크레딧'을 사고 파는 시장 사이의 서열은 너무도 명백하다. 할당시장이 상쇄 크레딧시장에 우선해야 한다. 즉, 상쇄 크레딧시장은 할당 배출권시장의 보조적인 수단으로 활용해야 한다.

넷째, 감축성과를 정량적으로 평가하고, 감축에 대한 책임소재를 분명히 할 수 있도록 배출통계에 대한 엄격한 관리체계를 마련한다. 이와 관련해서 우리나라는 온실가스 측정·보고·검증제도 관련하여 표준화작업에 많은 노력을 기울여 왔다. 신기후체제를 맞이하여 우리나라의 온실가스 측정·보고·검증제도 역량은 점차 확대될 것으로 예상되며 이와 관련한 수요는 국내는 물론 해외에서도 증가할 것으로 기대된다.

다음으로 중요한 문제는 소득분배 문제이다. 환경정책수단의 분배적 귀착 문제는 정책 논의에서 중요한 이슈이다. 비록 제한된 자료에 의하여 나타난 것이기는 하지만 환경 관련 세금은 어느 정도 역진적이라고 할 수 있다. 저소득층이 탄소집약적인 에너지원을 사용할 가능성이 높으므로, 탄소세의 부과는 저소득층에 상대적으로 더 큰 영향을 미칠 수 있다.

안 그래도 우리나라는 그림에서 보다시피 불평등지수로 알려져 있는 지니GINI지수가 증가추세에 있다. 탄소세 도입이 이러한 소득불균형을 악화시킬 수 있는 부작용에 대해서 미리 고민할 필요가 있다. 즉 탄소세 도입에 따라 환경적 편익이 어떻게 배분되는지를 감안해야 한다는 것이다. 감세의 대상을 선택하는 데 고용효과가 유발되는 계층을 함께 고민한다면 세금으로부터의 환경적 편익이 극대화되는 방향으로 유도되는데 일익을 할 것으로 기대된다.

예를 들어, 오염물질이나 소음은 저소득층에 더 많이 노출되어 있을 수 있다. 즉, 환경세와 탄소세 도입은 이러한 저소득층의 환경 질

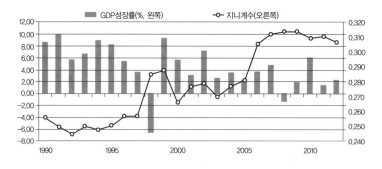

우리나라 1990년 이후 GDP 성장률 대비 지니계수 추이

적 개선에 가장 큰 수혜자일 수도 있다. 그러니 저소득층 세금 경감 등 세부담 완화수단은 세금의 환경 효과를 감소시키는 결과를 초래한다. 따라서 정부는 저소득층이 지원될 수 있는 다른 직접적인 수단을 찾는 것이 필요하다.

탄소세의 장점은 환경의 개선되는 효과로 인한 편익과 사회후생의 증가로 인한 편익, 즉 이중배당으로 보통 설명된다. 데이비드 피어스가 잘 정리한 바와 같이, 환경적 편익 외의 사회적 후생의 증가는 에너지비용이 탄소세 도입으로 증가하게 되면서 상대적으로 노동비용이 저렴해지는 효과를 가져와 고용을 증대시킨다는 것이다.[*] 그러나 현실적으로 노동공급의 탄력성 때문에 임금인상이 불가피해지고 결과적으로는 에너지세나 탄소세가 인플레이션 효과가 있을 수도 있다.

여기까지 북구권의 기후정책을 정리하고 그 시선을 우리나라로 돌려보자. 아니 개도국으로 돌려보자. 동남아국가들은 자국 내 기후정책 개발에 매우 적극적이다. 물론 성과는 보잘 것 없고 그 속도는 더디다. 필자가 참석했던 2014년 세계은행 주관 국제회의를 그 예로 들고 싶다. 필자는 당시 우리나라의 기후정책의 걸어온 과정과 에너지정책 과의 관계 등에 대해 소개할 기회를 가졌다. 그 때의 소감은 이렇다. 우리나라의 기후정책이 그들에게는 또 하나의 벤치마킹 사례가 되고 있다는 점을 피부로 느꼈다. 약간 질투가 섞인 시선도 느껴졌다. 우리는 했고 그들은 하지 못한 것이 무엇인지 궁금하지 않은가? 그것은 바로 정책 파급효과에 대한 경제적 분석이다. 우리가 그동안 수 차례, 그것도 여러 모형을 통하여 배출권거래의 경제적 파급

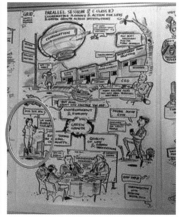

효과분석을 그들은 부러워했다. (위 사진은 회의를 진행하는 동안 만화가가 회의를 중계하듯이 그림을 그린 것인데, 금색 동그라미 속이 필자다. 회의가 끝난 후 복도에 걸어놓아 참석자들이 자신의 모습을 확인하고, 다른 방에서 있었던 회의를 그림을 통해 상상할 수 있어 참석자들의 호응이 좋았다)

반면 배출권거래와 같은 우리나라 기후정책을 바라보는 국내산업계의 시선은 싸늘하다. 아직 재계에서는 배출권거래가 연착륙할지에 대해 의구심이 팽배하다. 하지만, 배출권거래는 이미 시작되었다.

간혹 배출권거래를 규제로 치부되는 경우가 있는데 이는 잘못된 인식이다. 배출권거래는 정책 수단에 지나지 않는다. 그러나, 배출권거래가 규제로 오해받는 데에는 이유가 있다. 그것은 정부가 배출권을 무상할당하게 되면서, 할당이 곧 기업에게는 배출 상한이기 때문이다. 즉, 직접규제 방식에서는 배출권 할당량이 기업이 지켜야 할 고정적인 목표다. 따라서, 직접규제 방식에서는 자가감축 비용이 아무리 들더라도 배출상한을 지켜야 한다. 하지만, 배출권거래는 다르다. 배출상한을 배출권 구매를 통하여 늘릴 수 있고, 자가감축 비용이 경쟁력 있을 경우 추가감축을 통하여 배출권을 판매함으로써 수익을 발생시킬 수도 있다. 즉, 배출권거래에서 할당은 거래의 시작이자, 할당량이 많고 적음에 따라 기업의 경쟁력이 좌우된다. 이러한 연유에서 기업이 할당량을 가지고 정부와 줄다리기를 하는 것은 당연한 일이다.

배출권거래가 부정적으로 비춰지는 이유는 배출권거래의 취지가 나빠서가 아니라, 할당을 둘러 싼 정부와 기업 간의 협상이 장기화되면서 상호간 불신이 깊어지고, 이에 따른 정책불확실성이 증가하기 때문이다.

그렇다고 해서 탄소세가 배출권거래를 대체할 수 있느냐고 한다면, 그건 불가능하다. 그 이유는 국가 감축목표가 설정된 이상 총량규제의 성격을 피할 수 없고, 탄소세는 조세저항이 크기 때문에 실제로 도입되는 데까지 배출권거래보다 더 오랜 시간이 소요된다. 따라서 아무리 배출권거래를 반대하는 목소리가 크고 다양할지라도 배출권거래는 진행될 수밖에 없다.

문제는 배출권거래가 아니라 배출권거래를 도입하면서 더욱 불거질 수밖에 없는 정책적 상충이 더 큰 문제이다. 이와 관련하여 2015년 배출권거래 시행을 맞이하여 배출권거래를 중심으로 정부가 해결해야 할 몇 가지 과제를 지적하고, 기업이 준비해야 할 체크리스트는 무엇인지 알아보자.

정부의 해결 과제

배출권거래의 연착륙을 위하여 정부가 해결해야 할 과제는 의외로 많다. 의욕적으로 정부가 배출권거래를 추진하는 것은 칭찬할 일이나, 무리라고 생각될 정도로 과감해 보이는 것은 정부가 아직 해결해야 할 과제를 고스란히 남긴 채 배출권거래를 추진하겠다고 하는 데에 있다.

첫째, 제도상의 서열 정리를 들 수 있다. 고상하게 얘기하면 정책적 거버넌스에 관한 사항이다. 이를 해결과제 중 가장 먼저 꺼낸 이유는 가장 중요하면서도 가장 근본적인 문제이기 때문이다.

녹색성장기본법은 우리나라 자원의 배분과 관리에 있어 최상위법이지만, 정작 감축목표를 관리하는 실행부처는 환경부가 아니라는 사실이다. 배출비중이 가장 높은 산업 및 에너지부문은 정작 산업자원부가 맡고 있고, 배출비중이 점차 증가하는 건물 및 수송부문은 건설교통부 및 국토부가 담당하고 있다. 환경부가 관리하는 부문은 폐기물뿐이다. 따라서, 각 부처의 실행계획에 있어 각각 적용되는 시행령과 시행규칙이 더 큰 힘을 발휘할 수밖에 없다.

게다가 현재와 같이 온실가스 배출권거래의 장기계획인 소위 '기본계획'은 기획재정부가 마련하고, 에너지기본계획은 산업부가 확정하고, 배출권 할당계획은 환경부가 제시하는 복잡한 거버넌스 하에서는 부처 간 헤게모니가 악화될 수밖에 없다. 따라서, 부처 간 조정을 얼마나 긴밀히 할 수 있느냐가 배출권거래와 관련한 정책 거버넌스를 공고히 하는 길이 될 것으로 사료된다.

둘째, 배출권거래의 시장에 대한 확신이다. 정부가 직접규제가 아닌 배출권거래를 도입한 이상, 감축기술의 투입속도와 투자는 배출권가격에 의존하게 된다. 이는 배출권거래라는 시장의 효율성이 담보되지 않으면 장기적이고 지속적인 감축투자를 보장하기 어렵다는 얘기가 된다. 배출권거래 가격에 대한 전망이 불투명하면 할수록 감축기술에 대한 투자유인은 사라지게 된다.

현재 배출권가격에 대한 '기준가격'이라는 용어가 돌고 있다. 정부는 기준가격을 제시한 적이 없는데도 기준가격이라는 단어가 통용되고 있는 이유는 정부가 시장안정화를 위하여 시장개입이 필요한 기준점으로 1만원을 제시했기 때문이다. 이는 시장참여자는 물론 감축기술을 개발하는 사업자에게 잘못된 가격 시그널을 제공하고 있다. 즉, 만원은 시장가격을 유추하는 '기준가격'도 패널티를 지불하는 '기준가격'도 아닌 셈이다. 이와 관련하여 정부는 명확한 해명이 필요할 것으로 사료된다.

또 다른 문제는 바로 시장에 대한 불확실성이다. 정작 한 달도 남지 않은 상태에서 배출권가격에 대한 전망치가 나오지 않는 것은 현재의 메커니즘 하에서는 가격 예측이 거의 불가능하기 때문이다. 환경부는 배출권거래제 대상업체를 늘리는 목적으로 간접배출량을 포함한 총배출량을 기준으로 대상업체를 결정하였다. 그러나, 이로 인한 시장왜곡은 시장참여자가 짊어지어야 하는 짐이 되어버렸다. 전기사용으로 인한 간접배출량은 발전사가 어떠한 연료믹스로 전기를 생산하느냐에 따라 달라지기 때문에 실질적인 배출권 수요는 사후 정산될 수밖에 없다는 얘기가 된다. 즉, 배출권거래에 참여하는 시장참여자들은 발전부문의 배출계수가 2015년–2017년에 어떻게 변화할지를 예측해야 한다.

간접배출량을 거래제에 포함시킨 또 다른 배경을 정부는 발전부문의 감축비용이 소비자에게 전가되기 때문이라고 설명한다. 그러나 이는 전력가격을 포함한 에너지가격이 정상화를 통하여 개선되어야 할 문제이다. 따라서, 정부는 단계적으로 간접배출량을 거래제에서 제외하고 에너지가격 정상화를 기본 취지에 맞게 속히 추진하는 것이 바람직하다.

셋째, 상쇄제도에 대한 현실적인 가이드라인 마련이다. 상쇄제도란 할당 대상 업체의 기업경계 외에서 발생한 감축사업을 크레딧화하여 인정하는 제도이다. 이는 점진적으로 총량규제 대상이 변화할 수 있다는 것을 전제로 한다. 즉, 배출권거래 대상업체가 아닌 기업의 저감활동을 촉진시킬 수 있다는 장점이 있다. 이는 투자자와 투자대상 업자 간의 기술이전과 역량형성을 기반으로 해야 한다는 취지에서 교토메커니즘의 청정개발체재와 동일한 맥락에서 취급된다. 그렇다고 해서 청정개발체제와 같은 엄격한 기준을 요구하는 것은 무리다.

현재 자가소비를 목적으로 추진되고 있는 소규모 신재생 에너지 사업이나 지역경제를 활성화하는 사회공헌사업 성격의 감축사업이 꾸준히 늘고 있다. 그러나, 이러한 사업은 안타깝게도 자가감축으로도 감축사업으로도 인정받지 못하는 경우가 대부분이다. 이를 그대로 방치할 경우, 지역활성화를 위한 사업개발은 한계에 다다를 수 있다. 감축활동에 대한 사회적 인식제고도 한계에 이르게 된다.

결국 배출권거래를 포함한 기후정책에 대한 국민의 호응을 이끌어내지 못하면 아무리 선진제도를 도입하더라도 정책효과를 기대할 수 없게 된다. 이는 정부가 제도를 확대하거나 다음 단계의 정책을 추진하는 데 반드시 걸림돌이 될 것이다.

배출권거래는 기후정책의 종착역이 아니다. 탄소세와 같은 추가적인 정책이 함께 조화를 이루어야만 기후정책이 완성될 수 있다. 이러한 차원에서 볼 때, 정부는 상쇄제도에 대한 유연한 태도가 필요하다.

기업의 전략 방향

정부의 해결방안과 비교할 때, 기업의 전략방향은 의외로 간단하다.

첫째, 기존의 시스템을 점검하고, 배출행위와 감축행위에 대한 효율적인 관리운영체계를 마련해야 한다. 이는 온실가스 인벤토리를 정비하여 수익과 관련된 모든 경제활동의 탄소 배출량을 모니터링하고 리포팅하는 시스템을 구축해야 한다는 얘기다.

둘째, 배출권거래에 대한 인식을 일시적인 규제가 아닌 장기적인 감축수단의 하나로 전환해야 한다. 즉, 자가감축 기술에 대한 비용 정보를 바탕으로 배출권 시장이 제공하는 배출권 구매를 감축옵션으로 활용해야 한다. 이를 위해서는 배출권 시장에 대한 정보가 필수적이며 시장 전문가를 적극 활용할 필요가 있다.

배출권 시장은 다수의 구매자와 다수의 판매자가 존재하는 완전경쟁시장이 아니다. 다배출업자를 중심으로 태생적인 시장지배력이 발휘될 수밖에 없다. 따라서, 효율적인 탄소관리를 위하여 정보채널을 적극적으로 확보할 필요가 있다.

셋째, 다각적인 정책참여를 독려하고 싶다. 이제 기업은 배출권거래가 시행되는 순간, 기존에 발휘했던 정부–산업 간의 팽팽한 힘겨루기는 더 이상 존재하지 않는다는 현실을 받아들여야 한다. 결국 개개의 기업활동은 의 이익을 대변할 단체는 없다는 얘기다. 따라서, 자발적이고 다양한 형태로 전문가 포럼에 참여하는 자세가 필요하다. 사실상 전문가들의 능력배양 차원에서도 기업참여가 절대적으로 필요하다.

이와 같이, 정부의 당면과제에 비하여 기업의 전략방향은 비교적 간단하다. 물론 기업의 전략은 정책 패키지가 제대로 마련되었다는 것을 전제조건으로 한다.

신기후체제 채택(파리합의문 채택)으로 2015년에 개최되었던 파리회의는 많은 전환점을 제공할 것이다. 파리테러 보다 더 유명한 단어가 될 수도 있다. 교토의정서로 교토회의가 유명세를 탔던 것처럼. 이제는 교토시대가 가고 파리시대가 온 것이다. 어느 때보다도 정부의 리더십과 민–관–학의 견고한 파트너십이 요구되는 시점이다.

앨런 맥도널드와 레오 슈라텐홀저의 실증연구에 따르면, 대부분의 저탄소 에너지 기술은 학습효과에 따라 그 속도가 달라진다고 한다.[*] 즉, 생산증대를 경험한 대로 비용이 줄어들게 된다.[*] 풍력과 태양발전 기술의 경우는 학습률이 10퍼센트에서 20퍼센트에 이른다고 보고되고 있다.[*]

종합적으로 말하면 정부의 에너지부문의 R&D에서의 지원방향은 기초적인 연구개발에 초점을 맞추고 너무 세부적으로 응용기술에 국

---

[*] IEA (2000), McDonald and Schrattenholzer (2001)
[*] 여기서 학습률은 축적 투자가 두 배가 될 때 단위 투자비용의 감소율을 의미함.

한하여 기술개발의 폭을 제한하는 방향의 지원을 지양해야 한다는 것이다. 게다가 정부정책에 의한 기술 확보가 규모의 경제 효과를 극대화를 지향해야 한다는 관점에서 정부는 개발 기술의 긍정적 외부효과가 큰 기술에 대해 지원을 강화하는 방식을 취하는 것이 합리적일 것이다. 이러한 기술은 대체로 기초 연구라고 할 수 있으므로 대학과 연구소의 기초 연구에 대한 지원을 강화하는 정책을 모색하는 것이 필요할 것이다. 이러한 기술 지원에 의하여 민간 기업과 연구소에서 이를 활용하고 응용하며 융합하는 기술을 창출할 수 있게 될 것이다.

최근 국내 온실가스 목표관리제 도입 이후 배출권거래법 제정과 관련하여 관심이 고조되면서 탄소세와 배출권거래제를 비교하는 연구 또한 수요가 늘고 있다. 그러나, 레지나 베츠가 지적한 바와 같이, 배출권거래와 탄소세는 기후정책의 세 가지 기둥 중 가격정책을 대표하는 한 기둥에 지나지 않는다.[ ] 그리고, 마이클 헤인만의 주장과 같이, 배출권거래가 온실가스저감효과를 100퍼센트 보장하지도 못한다. 결국 탄소세와 배출권거래, 기술규제와 배출통계 구축 및 지원정책이 경제주체별 특성에 맞춰 조화를 이룰 때 감축성과를 기대할 수 있다. 문제는 각각의 정책방안에 대한 도입시기와 적용대상을 어떻게 결정하느냐에 따라 수많은 정책혼합 시나리오가 도출될 수 있다.

이제 장보기는 끝났다. 재료로 승부하기 보다는 어떤 상차림을 내놓을지에 대해 고민할 때다. 메뉴는 셰프의 몫이라 하겠지만 정작 먹을 사람의 입맛이 어떤지는 당사자들이 더 잘 안다. 즉, 셰프와 먹을 사람, 정부와 산업계의 소통이 그 어느 때보다도 중요한 시기다. 소통 채널을 다양하게 확보해 소통의 기회를 많이 갖길 당부하고 싶다. 정부와 산업계 모두에게 드리는 말이다.

3.3. 생태서비스와 생물다양성

생물다양성은 기후변화-생태시스템의 복잡한 상호관계를 함축적으로 나타내는 생태학적 개념이다. 생물다양성은 리우 지구정상회의의 주요성과로 생물다양성협약이 1992년 채택되면서 주목을 받기 시작했다. 생물다양성협약은 산업혁명 이후 생물종 감소와 생태계 파괴가 가속화되면서, 생물다양성 보전 필요성에 대한 범지국적 공감대가 형성됨에 따라 기후변화협약, 사막방지화협약과 함께 3대 환경협약으로 자리를 잡게 되었다.

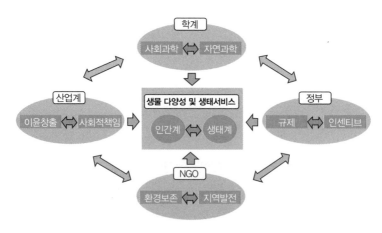

생물다양성 및 생태서비스 관련 융합연구의 필요성 [*]

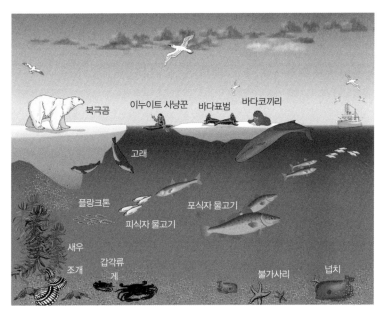

북극 생태계의 종다양성을 장식하는 주인공들과 먹이사슬

　앞 그림은 생물다양성과 생태서비스에 대한 융합연구의 필요성을 나타낸 그림이다.

　2015년 극지연구소에서 실시한 설문자료 또한 기후변화와 생물다양성이 일반시민에게 가장 중요한 북극이슈임을 입증하고 있다. 설문자료에 의하면 극지에 대한 경험 및 인식이 '자연생태 및 환경에 관심이 있어'가 응답자 전체의 48퍼센트, '기후변화에 관심이 있어'가 응답자 전체의 41퍼센트를 차지하는 것으로 나타남에 따라 기후변화와 생태시스템에 대한 관심이 주를 이루고 있다.

＊　이동근 외(2014) "생물다양성, 경제로 논하다"의 맺음말(250페이지)에 삽입된 그림을 일부 수정하였음.

이렇게 일반시민들이 생물다양성과 기후변화를 북극에 대한 관심의 최우선수위에 둔 배경은 바로 기후변화 현상이 북극에서 더욱 가속화됨에 따라 북극의 생물다양성문제가 복잡하게 전개된다는 것을 암묵적으로 알기 때문이다. 그만큼 북극곰은 기후변화와 생물다양성의 상징성이 강하다.

극지와 관련한 최근 생물다양성 연구 중에는 위르겐 그뢰네펠트가 대표적이다.[ ] 바르토츠 바르토프스키의 연구에서는 생물다양성의 경제적가치 추정은 그 대상을 어떻게 설정하느냐, 즉, 프록시proxy를 무엇으로 선택하느냐에 따라 그 가치가 달라지므로 크게 협의의 생물다양성과 광의의 생물다양성을 대별해야 함을 강조하고 있다.[ ] 즉, 생물다양성이 종다양성 또는 서식지로 단순하게 정의됨에 따라 생태시스템이 보유하는 구성요건에 대한 다양성이 종종 경제적 가치에서 배제되는 경우를 지적하고 있다. 이는 생물다양성에 대한 개념을 보다 확대해야 하고 생물다양성의 변화에 대한 해석 또한 생물다양성의 인과관계 규명에서 정치 · 경제 · 사회적 의미로 좀 더 다양해져야 함을 시사한다.

특히, 극지에 대한 생물다양성 연구는 기후의 급격한 변화로 인한 특정 종에 대한 서식지의 변화와 개체군의 수가 변화에 집중된 연구가 아직 대부분이다. 위르겐 그뢰네펠트의 연구는 남극지역의 크릴새우가 지구온난화로 해빙의 주기와 공간적 분포의 변화로 개체수가 변화하는데 초점을 맞추어 해빙과 크릴새우의 개체수 간에 인과관계가 있음을 규명하였다. 에코리소스의 연구는 캐나다의 북극곰에 대하여 경제사회적 의미를 스포츠헌팅과 생존을 위한 헌팅, 동물원 방문을 위한 가치와 초자연 하에서의 북극곰의 상징적 가치, 캐나다 시민에 대한 아이콘적 가치와 과학 및 교육차원의 가치 등등에 대하여 각각 경제적 의미가 상이함을 분석하였다.[•] 에코리소스의 연구결과 중에서 주목할 만한 결과는 캐나다 시민들이 북극곰에 대한 가치를 상징적인 개체에 대해 존재의 가치existence value와 유물적 가치bequest value를 달리 구분하고 있다는 것이다.

이러한 연구는 생물다양성의 대한 정의를 특정 개체로 한정하고 있지만 그 개체에 대한 포괄적인 의미를 각각의 의미로 세분화했다는 점에서 의의가 있다. 반면 McDowell and Ford(2014)의 연구는 그린란드의 유가스전 개발에 대하여 사회-생태학적 의미와 위협요인에 대하여 분석함으로써, 지역주민의 관점에서 자원개발의 시기와 지역을 결정하는데 생물다양성에 대한 경제적 가치가 고려되어야 함을 주장하고 있다. 이러한 분석은 바로 본 연구와 같이 북극에 대한 연구의 필요성을 피력하는데 있어 현재 북극이 보유하고 있는 천연자원과 대등하게 생태서비스에 대한 가치가 평가되어야 한다는 점에서 맥락을 같이 하고 있다.

강희찬과 김효선의 연구[•]에 의하면, 북극 생태계서비스 개선에 따른 대한민국 가구의 지불의사액를 추정한 기대지불의사액을 바탕으로, 북극 생태계서비스 개선을 통해 대한민국 국민이 얻는 총 편익은 최소 연간 3186억 원[•]에서 최대 7159억 원[•] 정도인 것으로 나타났다[•]. 이

[•] 이변량 프로빗 모형의 기준
[•] interval data 모형의 기준
[•] 2010년 총 가구수 17,339,422 기준

러한 총 편익의 차이는 가구당 지불의사액을 추정하기 위한 방법론의 차이에서 발생하게 된다. 따라서 어떤 방법론을 통해 총 편익을 계산하느냐는 정부의 예산 배분에 큰 영향을 미칠 수 있다. 더 효율적인 추정량을 얻는 것도 매우 중요하지만 참값을 모르는 상황에서, 편이가 발생할 경우 총 기대 편익은 실제 편익과 상당한 차이를 보일 수 있다.

The Global Arctic

4장

북극과 안보

북극은 군사, 정치, 경제, 사회적 쟁점의 최전선이다. 북극이사회 Arctic Council를 구성하는 회원국은 주변국과 다른 독특한 그 무엇이 있다. 그들은 석유와 가스를 생산하고, 또 국제 정세의 열쇠를 쥐고 있다. 그리고 러시아를 제외하면, 북대서양조약기구의 회원국으로 이루어져 있다. 즉, 북대서양조약기구의 시각에서 볼 때 북극은 최전선이라고 표현해도 과장된 것은 아니다.

북대서양조약기구는 동서냉전 체제하에서 서방국가들의 집단적 안전보장체제 구축의 모델로, 소련과 동유럽 국가들에 대항하는 대표적 상징이라는 위상을 지니는데 그 본질은 군사동맹이다. 북대서양조약 체약국으로 구성되는 북대서양조약기구는 회원국 간의 이해관계가 맞물려 파동을 겪기도 했는데, 대표적으로 프랑스는 1966년 3월 핵무기개발을 둘러싸고 미국과 대립하다가 통합군사조직에서 탈퇴하는 등 진통을 겪기도 했다. 하지만 여전히 러시아를 압박하는 군사동맹 관계에서는 그 역할이 크다고 볼 수 있다. 이렇게 북극은 에

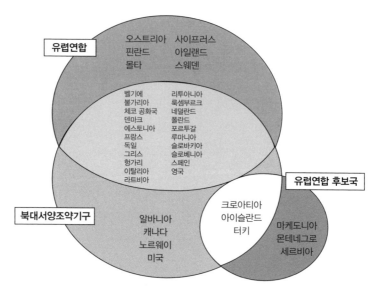

유럽연합

오스트리아   사이프러스
핀란드   아일랜드
몰타   스웨덴

벨기에   리투아니아
불가리아   룩셈부르크
체코 공화국   네덜란드
덴마크   폴란드
에스토니아   포르투갈
프랑스   루마니아
독일   슬로바키아
그리스   슬로베니아
헝가리   스페인
이탈리아   영국
라트비아

유럽연합 후보국

북대서양조약기구

알바니아
캐나다
노르웨이
미국

크로아티아
아이슬란드
터키

마케도니아
몬테네그로
세르비아

유럽연합을 중심으로 본 국가간 협의체 구성원들

너지 자원의 보고인 동시에 군사외교의 최전방이다.

이밖에 북극이사회 회원국이 속한 대표적인 협의체는 유럽연합과 북구이사회다. 북극이사회 회원국 중에 유럽연합 회원국은 덴마크, 스웨덴과 핀란드뿐이다. 그러나 유럽경제구역European Economic Area에 노르웨이와 아이슬란드가 속해 있어, 유럽연합과 북극이사회는 긴밀한 관계를 유지해 오고 있다.

한편 유럽연합은 지난 2013년 스웨덴에서 열린 각료회의에서 북극해 지역의 바다표범 사냥을 금지하여, 북극이사회는 유럽연합의 옵서버 자격을 반대하기도 했다. 그러나 최근 노르웨이와 러시아 간에 맺은 북극해와 바렌츠 해 관련 해양협정은 북극이사회 회원국 간의 긍정적 협력관계의 좋은 사례가 되고 있다.

	북극이사회 (Arctic Council)	유럽연합(EU)	북대서양조약기구 (NATO)	북구이사회 (Nordic Council)
미국	O		O	
캐나다	O		O	
러시아	O			
노르웨이	O		O	O
덴마크	O	O		O
스웨덴	O	O		O
아이슬란드	O		O	O
핀란드	O	O		O

북극이사회를 중심으로 바라본 국가간 협의체 구성원들

양국 간의 협력체제를 공고히 한다고 해서 이해관계의 복병이 사라지는 것은 아니다. 예를 들면 로모노소프 지역은 러시아, 캐나다, 덴마크 3국이 모두 로모노소프에 대한 대륙붕 연장선상에 국경을 공유하고 있다. 즉, 대륙붕 분쟁의 씨가 존재한다는 것이다. 이런 움직임은 바로 북극권국가들이 비준한 국제조약이 일치하지 않기 때문이다.

북극해 대륙붕 분쟁은 2001년 러시아가 국제연합의 대륙붕한계위원회CLCS에 대륙붕 연장 요청서를 제출하면서 공식화되었다. 당시 대륙붕한계위원회는 러시아의 대륙붕 연장 요청에 대해 자료가 충분하지 않다는 의견을 내놓았는데 이후 이들 3개국은 로모노소프 해령이 자국 대륙붕의 연장임을 밝히기 위해 수천 만 달러를 투자해 왔다. 예를 들면 캐나다와 덴마크, 캐나다와 러시아 등 양국 간 연구협력을 통해 로모노소프 해령지도를 공동제작했다. 러시아는 2007년 북극 탐사 이후, 로모노소프와 멘델레프 해령이 지질구조상 유라시아 대

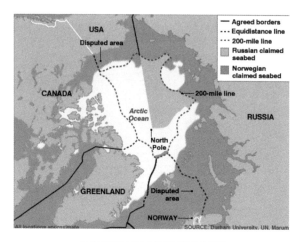

아직 미제로 남은 북극의 영토권 주장

류의 연속선상에 있다는 증거를 제시한 바 있다.

노르웨이의 경우에는 노르웨이, 그린란드, 아이슬란드, 파로 군도 사이의 영토 25만 제곱킬로미터에 대해 영유권을 주장하여 노르웨이 본토의 사분의 삼 크기에 해당하는 영유권을 인정받기도 했다. 이로써 노르웨이는 이 지역의 자원개발권을 획득하게 된다.

북극이사회 회원국 중에는 북극해에 인접한 국가, 연안 5개국(미국, 러시아, 캐나다, 노르웨이, 덴마크)과 북극해에 직접 접하고 있지 않은 아이슬란드, 핀란드, 스웨덴이 있다. 이들 간의 이해관계가 결코 같을 수 없다. 특히 2008년 개최된 북극해 5개 연안국 외무장관 회의는 연안 5개국들이 단합하여 새로운 국제법 체제를 도입하는 것에 반대하고 나섰다. 이들은 200해리 배타적 경제수역EEZ 및 대륙붕 영유권 확대를 규정한 국제연합의 해양법을 지지한다. 이로써 북극연안 5개국들은 해저 대륙붕을 최대한 확보하면서 새로운 조약 체결에 따른 불이익에 공동대처하기로 약속한 바 있다.

이렇게 북극이사회는 석유수출국기구와 석유수출국기구에 속하지 않은 국가들 간의 차이와 같이 국경문제가 첨예한 국가와 그렇지 않은 국가, 또 북극해에 인접한 국가와 그렇지 않은 국가 간의 이해관계가 복잡하게 얽혀있어 하나의 목소리를 내기 어려운 구조로 되어 있다. 이는 국제정세에 미치는 영향도 상이할 수밖에 없는 배경으로 작용한다. 그리고 그 정점에는 북대서양조약기구가 있다.

북대서양조약기구와 바르샤바 조약기구는 서로 물고 물리는 관계에 놓여 있다. 북대서양조약기구는 1949년 설립된 북아메리카와 서유럽을 연결하는 집단안정보장기구다. 북대서양조약기구의 회원국으로는 서유럽국가와 미국, 캐나다가 포함된다. 북대서양조약기구에 대칭되는 바르샤바조약기구는 1955년 동구권 국가 8개국이 구 소련 흐루시초프의 제안을 통해 결성된 군사동맹조약기구다. 그러나 바르샤바조약기구는 1990년 독일이 통일되면서 동독이 탈퇴하고, 1991년 소련이 해체되어 유명무실해졌다가 1991년 공식해체를 선언했다. 이후 체코, 폴란드, 헝가리가 북대서양조약기구에 가입한 뒤, 루마니아, 불가리아 등 동구권 유럽이 순차적으로 북대서양조약기구에 가입하게 되면서 러시아를 압박하게 된다. 우크라이나와 조지아가 러시아에 밉보이게 된 배경도 이들 두 나라가 북대서양조약기구에 가입하는 것에 러시아가 강하게 불만을 표시하게 되면서부터다. 이처럼 북극은 러시아가 북대서양조약기구와 대치하는 최전방인 셈이다.

2015년 〈매경이코노미〉 9월호에 오바마 대통령이 좋아하는 메뉴, '하와이안 무스비'가 소개된 적이 있다. 스팸이 들어간 네모난 김밥이다. 냄새만 맡아도 식욕이 도는 스팸과 스시의 결합체라고 할까? 음식문화평론가 윤덕노가 소개한 바에 의하면 무스비의 어원은 일본 주먹밥 오무스비에서 나왔다고 한다. 무스비가 언론에 회자된 건 2008년 크리스마스 무렵 오바마가 고향인 하와이에서 골프를 치다 무스비를 먹는 장면이 신문에 실렸기 때문이다.

오바마는 미국이 배출한 대통령 중에서 서민과 소통을 잘하는 대통령으로 알려져 있다. 소셜네트워크서비스SNS라는 좋은 매개체가 있어서 그런 덕을 본 것도 있지만 오바마 스스로가 외부와 소통하는 능력이 탁월하다고 생각된다. 2015년 9월에 가장 핫한 오바마의 소셜네트워크서비스는 바로 알래스카 방문이었다.

미국 대통령으로는 최초로 북극을 방문했다고 포장한 백악관 홍보실의 능력도 대단하다고 칭찬하고 싶지만 오바마 스스로가 알래스카 속속들이 찾아다니며 자신의 행보를 비디오에 담아 소셜네트워크서비스에 올린 것은 뼛속까지 정치인이라는 생각이 들게 한다.

빙하관련 컨퍼런스가 개최된 것은 2015년 8월 29일로, "북극에서의 글로벌 리더십"을 슬로건으로 내세웠다. 오바마는 북극이사회 의장국의 수장으로서 맡은 바 임무를 수행하기 위해 알래스카를 방문한 것이다. 이를 대대적으로 국민들에게 자연스럽게 알리는 방법으로 소셜네트워크서비스를 이용한 것이다.

북극이사회란, 북극권 국가들의 협의체다. 정부가 당사국인 형태의 국제조약이나 정부 단위의 기부체로 구성된 국제기구도 아니다. 그런데 북극이사회의 의장국이 된다는 것이 미국 입장에서, 또 미국 대통령인 오바마에게는 무슨 의미일까?

기후변화가 바로 그 명분이다. 표면적인 명분으로 기후변화를 당해낼 이슈가 21세기에 과연 있을까? 물론 그 뒤에 군사와 안보가 국익에 보다 직접적이고 중요하겠지만 정치적으로 전면에 내세우기에는 리스크가 크다. 2015년 신기후체제를 도입하는 시점에서 글로벌 리더가 해야 하는 것은 바로 저탄소 경제체제에 대한 청사진을 제시하는 것이다.

오바마는 알래스카를 방문하면서 '알래스카에 터치다운하다'라고 말했다. 얼마나 친숙한가? 자국민이 열광하는 미식축구 용어를 사용해서 일반인의 귀에 쏙쏙 들어오는 효과도 기대 이상일 것이다. 본토와는 달리 취급되었던 알래스카를 기후변화와 북극이사회를 연결하는 매개체로 활용한 것은 슬기로운 행보라고 평가된다.

4.1 북극 거버넌스와 북극이사회

북극이사회는 1996년에 발족한 국가간 협의체다. 협의당사국은 북극에 인접한 노르웨이, 덴마크, 러시아, 미국, 스웨덴, 아이슬란드, 캐나다, 핀란드다. 북극 이사회의 목적은 지속가능한 개발과 환경보호를 비롯한 공동문제에 대해 원주민 공동체의 참여 아래 모든 북극 연안국의 협력, 조율, 상호활동을 도모하는 것이다. 북극 이사회에서 2년마다 열리는 장관 회의의 승인을 거쳐 북극권 이외의 나라도 옵서버 자격을 얻을 수 있는데, 현재 12개 국가가 영구 옵서버 자격을 얻었다. 영구 옵서버 국가는 북극 이사회의 회의에 초청된다.

북극이사회 협의당사국		옵서버 국가			옵서버 기구
• 캐나다	• 노르웨이	• 프랑스	• 스페인	• 일본	
• 덴마크	• 러시아	• 독일	• 영국	• 한국	
• 핀란드	• 스웨덴	• 네덜란드	• 중국	• 싱가포르	
• 아이슬란드	• 미국	• 폴란드	• 이탈리아	• 인도	

북극이사회 당사국과 옵서버 국가 및 기구

우리나라는 2013년 북극이사회의 정식 옵서버국가가 되었다. 우리나라와 북극의 인연은 1993년 북극연구개발을 위한 기초조사를 하면서 시작되었다. 이후 우리나라는 2002년 4월 국제북극과학위원회 IASC에 가입하고, 북극 다산과학기지를 설립하는 등 본격적인 연구활동을 펼쳤다. 이후 우리나라는 2008년 북극이사회에 옵서버 자격을 신청했고, 2010년 쇄빙연구선인 아라온호가 항해를 시작하면서 자체연구를 수행함은 물론 국제적인 연구협력이 활발해졌다. 우리나라 정부가 움직이기 시작한 것은 2012년으로 같은 해에 스발바르 조약에 가입하면서 그 활동이 가시화되었다. 2013년 북극이사회 정식옵서버 자격 취득 이후 2014년 1월 범정부차원의 북극정책기본계획이 발표되면서 북극이슈는 드디어 정책 아젠다의 한 축을 차지하게 된다.

우리나라의 북극기지인 다산과학기지는 스발바르 군도 스피츠베르겐 섬 뉘올레순 과학기지촌에 위치하고 있다. 정확한 위치는 북위 78도 55분, 남위 11도 56분이다. 기지를 운영한다는 것은 실질적인 연구성과도 중요하지만 거점을 마련한다는 의미가 크다. 다산과학기지가 위치한 뉘올레순은 우리나라뿐 아니라, 노르웨이, 영국, 독

북극 다산과학기지 전경

일, 프랑스, 네덜란드, 스웨덴, 일본, 이태리, 중국, 인도의 10개국 기지가 위치한 곳이다. 기지의 시설관리 및 운영은 노르웨이 국영회사인 킹스베이가 맡고 있다.

북극이사회는 6개의 실무그룹을 운영하고 있으며, 환경오염, 북극

실무그룹	출범	목적	의장국
ACAP	2006	북극이사회 환경오염 관리 대응 활동 수행 환경오염물질 배출제한과 감축을 위한 노력확대 국제기구 및 각국과 협력 모색	핀란드
AMAP	1991	북극 오염문제를 모니터링 · 평가 · 예방	덴마크
CAFF	1991	북극 생물자원의 지속성 유지 기후변화 등 관련 이슈 주관	캐나다
EPPR	1991	북국 환경 비상사태의 대응 관리 평가 북극환경의 보호와 지속가능한 개발	노르웨이
PAME	1991	비상사태를 제외한 북극 해양 환경정책 북극해양오염예방 및 통제 등에 관한 협력 조율 북극해양 환경보호와 관련된 중점 과제 제시	아이슬란드
SDWG	1998	북극의 지속가능한 개발 북극공동체의 경제 · 사회적 환경개선	캐나다

북극이사회 실무그룹 운영현황

생물자원 보호, 기후변화, 환경정책, 북극의 지속가능한 개발을 다루고 있다. 이 중 지속가능한 개발 관련 실무그룹은 북극의 자원개발 및 북극 공동체의 경제·사회적 환경 개선뿐만 아니라 원주민의 복지 증진 등 포괄적인 내용을 다루고 있다.

4.2 북극항로와 지정학적 리스크

유가와 관련한 전문가 중에는 정치외교학을 연구한 사람이 많다. 경제학을 전공한 필자 입장에서는 아주 고무적인 현상이다. 그 이유는 경제학을 전공한 사람들은 대부분 과거에서 미래를 찾기 때문이다. 특히 계량경제학을 전공한 사람들에게 미래에 대한 전망은 과거에 나타난 현상에서 시작된다. 이와는 대조적으로 정치학을 전공한 사람들은 보다 현실적으로 현재 일어나는 현상에 더 많은 시간을 투자한다.

현재 진행되는 저유가가 2020년까지 지속될 것인가는 아무도 자신 있게 대답할 수 없을 것이다. 그만큼 유가는 변동성이 큰 금융상품이다. 우리가 보통 언급하는 유가는 원유상품 중에서도 미국의 서부 텍사스산 중질유WTI, West Texas Intermediate 근월물이다. 그렇다면 왜 서부 텍사스산이고, 근월물은 무엇일까? 서부 텍사스산 중질유는 국제원유시장이 제공하는 상품 중 미국 중심의 원유시장에서 거래되는 거래상품 중 하나다. 이밖에 두바이산 원유가 있고, 유럽 중심의 브렌트산 원유가 있다. 이들 세 개의 원유상품이 국제원유시장의 세 축이라고 봐도 과장은 아니다. 그 이유는 글로벌 경제를 움직이는 세 개의 대륙을 꼽는다면 미국이 위치한 아메리카, 유럽연합이 중심인 유럽, 그리고 우리가 속한 아시아를 들 수 있다. 이 세 지역의 대표적인 원유시장이 바로 서부 텍사스산 중질유, 브렌트산 원유, 두바이산 원유인 것이다.

이들 시장은 과거에 수렴과 확산을 반복해 왔다. 원유시장을 금융 상품이라고 서두에 소개한 이유는 바로 원유시장이 물리적인 수요와 공급의 균형 외에 지정학적인 리스크와 정치적 이슈에 크게 흔들리기 때문이다. 즉, 원유시장을 금붕어가 들어 있는 어항이라고 한다면 어항의 크기와 물고기의 개체수는 물리적인 기본요소라고 할 수 있다. 여기에 우리가 간과하기 쉬운 것이 어항이 위치한 장소다. 넓은 거실의 평평한 테이블 위인지 아니면 아이들 방의 장난감 서랍 위인지에 따라 어항은 안전한 가구의 일부가 될 수도 있고 아이들 장난감의 하나가 될 수도 있다.

보는 사람에 따라 달라질 수 있는 것이 바로 유가다. 이만큼 많은 관심과 많은 이해관계가 얽혀있는 시장도 없을 것이다. 그래서 우리는 유가를 아침 출근시간 라디오 시사프로에서 자주 듣는다. 경기가 좋을 때 보다는 경기가 나쁠 때 더 많이 듣고 사회적 불안이 증대될 때 더 많이 접한다.

필자는 2015년 9월에 이란 경제제재 해제가 우리 에너지산업 전반에 미치는 영향을 논의하고자 국회에너지미래전략포럼이 주관하는 회의에 참석하였다. 이란은 중동의 뜨거운 감자로 살아온 지 오래된 국가다. 페르시안으로 아랍인들과는 다른 역사적 배경을 가지고 있는데다 지도자에 따라 친미와 반미를 번복한 나라이기도 하다. 이런 이란에 대한 경제제재를 해제한다는 것은 유가에 미치는 영향이 적지 않을 것으로 보인다. 물론 이란 전문가들조차도 저유가시대에 추가될 이란 물량에 대해서는 회의적이다. 그러나 이란 효과는 단기적으로는 미미할지 모르지만, 장기적으로는 추가물량이 유입되면서 시장을 안정화하는 방향으로 작용할 것이다. 안타깝게도 이 또한 정치적 리스크의 향방에 따라 그 지속성은 보장할 수 없지만 말이다.

그렇다면 이란 효과로 단기간에 변화를 기대할 수 있는 것은 무엇일까? 바로 천연가스다. 이란 가스는 이란 원유와 다르다. 그 이유는 원유시장이 글로벌하다면 가스시장은 매우 지역적이기 때문이다.

여기서 잠시 천연가스의 생리에 대해 짚고 넘어가자. 천연가스는 원유의 부산물이면서 경쟁연료다. 유가스전을 개발할 때 어느 품목을 얼굴마담으로 내세울지를 결정한다. 이때 주변국 즉, 원유가 되었든 가스가 되었든 판로를 마련해야 하는데, 원유는 앞에서 말한 바와 같이 어디에도 팔 수 있고 어디에서나 비슷한 가격대를 형성한다. 그러나 가스는 다르다. 가스는 계약조차도 30년 장기계약으로 거래된다. 가스는 생산자가 아무리 의욕적으로 개발하고 싶어도 소비자까지 연결하는 운송수단이 없으면 답이 없다. 가스를 액화시켜 배로 운송하는 액화천연가스LNG, Liquefied Natural Gas로 판매할 것인지, 육상이나 해상 파이프라인을 건설해서 수도꼭지처럼 생산자와 소비자를 연결하는 파이프라인 천연가스PNG, Pipeline Natural Gas로 판매할 것인지를 결정한다. 그것도 탐사과정에서. 따라서 천연가스는 원유와 달리 가스전과 소비자 사이의 거리가 경제성을 결정한다.

이 얘기는 다시 이란으로 돌아가면 이란 효과는 역내 천연가스 공급시장에 적잖은 영향을 미칠 것이라는 얘기가 된다. 한국은 액화천연가스 수입국으로는 일본 다음으로 큰 바이어다. BP가 내놓은 에너지전망*을 빌린다면, 중국과 인도의 부상이 천연가스 시장에서 가장 큰 변화를 가져올 것을 짐작할 수 있다.

중국은 2015년 국내 증시는 물론 세계증시를 혼돈으로 몰아간 주범이다. 이런 오명과는 달리, 불과 1년 전, 아니 6개월 전인 2014년만 해도 중국은 수많은 수치를 내세워 기록을 갱신하며 질주했다. 5억 명에 달하는 온라인 쇼핑 인구라는 잠재력은 4억 명에 불과한 유럽인구보다 많다. 그것뿐인가? 세계명품의 4분의 1을 중국이 소비하고, 미국과 유럽으로 향하는 중국 유학생이 매년 30만 명에 달한다.

이런 중국이 북극 야말 액화천연가스 프로젝트에 참여했다. 중국 국영석유공사가 29.9퍼센트의 지분을 확보한 것이다. 이 프로젝트는 북극항로를 통해 가스를 수입할 것이라고 알려지면서 세간의 관심을 끌었다. 중국은 야말 프로젝트 60퍼센트의 재원을 지원하도록 요청받으면서 사업에 참여하게 되었다. 하지만 러시아와 중국의 에너지 관계는 수월하지 않다. 러시아는 중국이 알타이송유관을 통해 서부 시베리아산 가스를 공급받도록 압박하고 있지만, 중국은 이에 부정적이다. 중국이 러시아 가스산업에 앞으로도 중요한 존재인 것은 사실이지만, 북극 개발에서 서방기업을 대신할만한 기술력은 아직 충분치 않은 것이 현실이다.

북극개발에 부문에서 러시아의 횡보는 여전히 건재하다. 러시아의 육상석유는 러시아의 수출에서 큰 부분을 차지하며, 육상석유 생산

---

* BP Energy Outlook 2035(2015. 2)

의 감소로 인한 수출 하락을 만회하기 위해 북극 해안 석유자원 개발의 필요성이 간절하다. 러시아가 북극해안 석유자원을 개발하기 위해서는 투자뿐만 아니라 기술과 숙련된 인력이 요구되며 러시아 정부가 북극해안 개발사업을 얼마나 지원하느냐에 따라 향후 개발방향이 결정될 것이다. 다행히도 러시아의 큰형님 푸틴이 미국의 경제제재에도 불구하고 야말 사업에 전폭적인 지원을 아끼지 않겠다는 보도자료가 나오면서 북극해 개발에 대한 러시아의 건재함을 읽을 수 있다.

이렇게 에너지와 관련한 지정학적 리스크를 논하다 보면 북극항로를 빼놓을 수 없다. 즉, 북극은 미래를 위한 '에너지'뿐 아니라 '길'까지 제공한다.

북극항로는 바로 북극 에너지안보의 핵이라 할 수 있다. 그만큼 에너지는 에너지원을 개발하고 생산하는데 투입되는 비용보다 수송비와 수송루트에 발생하는 리스크 반영 부분이 더 크다. 즉, 배보다 배꼽이 큰 재화다.

북극의 에너지자원을 개발해서 생산하는 단계까지는 에너지안보 차원에서 긍정적이다. 그러나 생산된 에너지를 수요지까지 운송한다는 것은 판도라의 상자를 연 것과 같은 효과를 가져올 수 있다. 즉, 에너지안보 차원에서 개발한 북극에너지를 정작 사용하고자 할 때는 북극항로를 이용할 때 발생하는 정치적 리스크를 감당해야 한다는 것이다.

북극항로는 북동항로와 북서항로로 구분된다. 북동항로(Northeast Passage 또는 Northern Sea Route)는 시베리아 북부해안을 따라 북대서양과 북태평양을 잇는 노선을 말한다. 반면 북서항로Northwest Passage는 캐나다 북부해역을 따라 북대서양과 북태평양을 연결하는 노선이다.

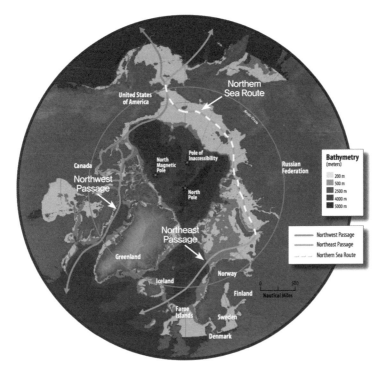

북극항로(북동 루트 vs. 북서 루트)

　북극항로가 열리면 아시아 시장에는 유럽을 연결하는 지름길*이
제공된다는데 왜 문제일까? 대부분의 에너지전문가들은 북극항로
에 회의적이다. 그 이유는 공급안정성이 보장되는 수송라인으로 북
극항로는 "0"점이라는 것이다. 그것은 쇄빙선이라는 수송선 확보는

---

*　예를 들어 네덜란드의 로테르담과 일본의 요코하마를 수에즈운하를 통과하면 1
만2894마일이 걸리지만, 북극항로를 이용하면 8452마일이 소요됨. 로테르담–수에
즈–상하이는 1만2107마일이 소요되지만, 북극항로를 이용하면 9297마일밖에 안 된
다. 밴쿠버는 파나마 운하를 이용하면 1만622마일, 북극항로를 이용하면 8038마일
로 단축된다고 함.

물론 일정 루트에서 러시아의 인도선을 이용해야만 되는 지역을 통과해야 하기 때문이라는 것이다. 러시아도 리스크 그 자체인데 거기다 러시아의 인도선을 이용해야 한다는 것은 비용을 가늠할 수 없다는 불편함이 따른다.

러시아는 그 자체 만으로도 리스크와 불확실성의 결정체다. 괜히 가즈프롬을 에너지 마피아라고 부르는 것이 아니다. 필자가 이르쿠츠크 파이프라인 사업 추진을 위해 20년 전 러시아를 처음 방문했을 때다. 러시아에서 사업 경험이 있는 기업 출신 전문가들이 에너지 관련 회의 참석차 모였다가 저녁을 먹으면서 이러저러한 정보를 나누고 있었다. 그 중 한 분이 러시아를 처음 접한 초보자들에게 러시아에 대해 스토리 하나를 소개했다.

이야기는 이렇다. 네 명의 신사들이 모여 포커를 쳤다고 한다. 러시아에 온 지 1년 된 친구, 3년 된 친구, 10년 된 친구, 그리고 러시아 사람. 포커를 치다 한 친구가 얘기를 시작했다 "난 러시아에 온 지 일 년 됐는데 도무지 알다가도 모르겠어. 러시아는 이상한 곳이야. 되는 것도 없고, 안 되는 것도 없지." 그 다음 삼 년 된 친구가 말했다. "자넨 아무 것도 아니야. 난 삼 년 다 되가는데 아직도 잘 모르겠어" 그 다음 친구가 고개를 저으면서 "난 십 년이 지났는데도 러시아는 알다가도 모를 곳이야." 그 때 잠자코 있던 러시아 친구가 "난 러시아 사람인데도 잘 모르겠어"라고 했다는 거다.

그만큼 러시아는 불확실성의 나라다. 즉, 아무리 북극항로로 지름길이 열린다 해도 공급안정성이 보장되지 못하면 수송루트로서는 매력이 없다. 수송루트의 생명은 연속성과 지속성이 보장되어야 한다.

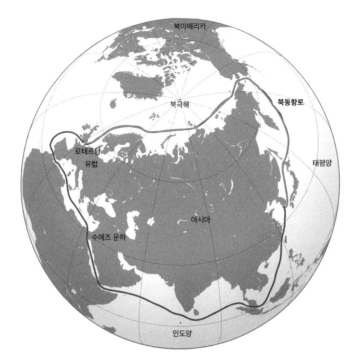

아시아 시장에서 북극항로의 의미

경제성은 연속성과 지속성이 담보되어야 의미가 있다.

　물론 자국의 에너지수요를 충족시키기 위해 공급루트를 개발하면 되지 않느냐는 반론이 있을 수 있다. 그러나 전통적인 석유나 가스는 최소한 30년 장기계약 물량이 확보될 때 개발을 결정한다. 즉, 북극항로를 이용할 유가스전은 그만큼 큰 수요처를 확보해야 하며, 이는 역으로 수요처 입장에서는 에너지안보를 위협할 만큼의 물량이 북극항로를 이용한다는 것이다. 이것은 아주 위험하지만 흥분되는 일이다. 그만큼 리스크가 있지만 유혹에 끌릴 만큼 달콤함이 기다리고 있다.

4.3 북극과 핵

북극과 안보에서 절대 빠져서는 안 되는 주제가 있다. 그것은 바로 핵이다.

3장에서 에너지시장과 탄소시장을 중심으로 글로벌 북극을 전개하면서 독자들은 에너지에서 가장 중요하고도 민감한 원자력에 대해 궁금했을 것이다. 에너지안보를 군사안보와 연계하는 데에는 한계가 있다. 그래서 필자는 원자력과 핵에 대해 공간을 따로 마련하고 싶었다. 바로 여기에.

인도에서 개최되는 국제가스연맹에서 개최하는 총괄위원회에 참석했던 적이 있다. 2006년 2월 이었다. 때마침 프랑스의 시라크 대통령이 방문했다. 필자 개인적인 경험에 있어 세계를 움직인 정치인 중에서 가장 잘생긴 남자를 꼽으라면 당연 시라크 대통령을 엄지에 꼽을 것이다. 그러던 차에 시라크 대통령을 로비에서 마주쳤다. 여성 팬(이런 표현은 좀 부적절할지 모르나 그만큼 시라크 대통령이 여성에게 얼마나 매력적인지를 알 수 있다)들에 둘러싸여 사진을 찍고 있었다. 필자는 지금도 후회하는 것이 그때 사진 한 장 같이 찍지 못한 것이다. 그 후회가 10년 뒤 2015년 기후변화협약 당사국총회에서 앨 고어 부통령과의 사진을 남겼다. 필자가 얼마나 시라크 대통령과의 사진 한 장이 아쉬웠는지를 알 수 있다.

그 당시 프랑스 대통령이 인도에 방문한 이유는 간단했다. 인도의 응석을 들어주고 달래주기 위해서였다. 2006년은 2008년 금융위기가 들이닥치기 불과 2년 전이다. 한참 신흥국의 오만함이 하늘을 찌를 때였다. 〈뉴욕타임즈〉는 인도의 유럽을 향한 불만을 이렇게 표현했다. "인도 관리들은 유럽이 인도를 순전히 상업적인 면에서 작은 중국 정도로만 보지, 강대국으로 인식을 전환하는데 너무 망설인다고 불평한다." 여기서 "작은 중국"은 인도가 가장 싫어하는 표현일 것이다. 10년 뒤인 지금은 그것도 어디냐고 하겠지만 그때 아시아의 떠오르는 맹주 투 톱은 중국과 인도였으니까.

시라크 대통령은 부시 대통령이 도착하기 2주 전에 5개 메이저 장관과 32명의 비즈니스 관련자들을 대동하고 인도를 방문했다. 인도가 유럽이 미국 보다 인도를 가벼이 여기고 느리게 반응한다는 데에 대한 해명이라도 하듯이. 이때 함께 한 비즈니스 관련자들 중에는 에어버스와 아레바Areva가 있었다. 에어버스는 항공기 제작사로 방위 산업체인 EADS 자회사다. 에어버스는 유럽의 항공회사의 컨소시엄으로 보잉이나 맥도널 더글러스 같은 미국 회사들의 대항마다. 아레바는 원자력 회사다.

여기에 미국과 프랑스 간의 경쟁이 엿보일 것이다. 미국은 인도의 핵무기 프로그램에 대한 정당성을 부여하기 힘든 의사결정 구조를 가지고 있다. 바로 국회라는 장벽이 있다. 이에 반해 프랑스는 인도 입장에서는 보다 안정된 원자력 공급원이 될 수 있다고 판단되었을 것이다. 프랑스는 미국, 러시아, 영국, 중국과 함께 유엔 안보리*(안전보장이사회) 상임이사국 중 하나다. 이들 상임이사국은 핵확산금지조약NPT에 의해 핵무기 보유를 인정받은 나라들이다. 인도는 파키스탄과 함께 1974년과 1998년 각각 핵실험을 하여 핵무기 보유국으로 인식된 나라 중 하나다.

2006년 시라크 대통령의 인도방문은 바로 군사와 안보 차원에서 의미심장한 제스처라고 평가되었었다. 게다가 프랑스가 인도에 팔아먹은 군용기가 쓸모 없다는 사실이 밝혀지면서 세간의 입방아에 오른 것에 대한 이미지 청산도 한몫을 했다고 본다.

세상일은 아무도 모른다 했다. 바로 중국과 인도의 성장은 가끔 신년에 들쳐보는 전망과 관련한 책자에서, 미래학자들 입에서나 언급될 줄 알았다. 지금처럼 중국이 2016년 글로벌경제를 움직이는 5대 변수 중에 그것도 제일 큰 2개 중의 하나가 될 줄 몰랐다. 〈조선비즈〉가 소개한 2016년 글로벌 경제를 움직이는 5대 핵심키워드는 미국 금리인상, 중국경제, 친환경, IS, 저유가다. 여기서 중국경제가 나머지 4개와 다 연관이 있다는 것이 현재의 글로벌경제의 현실이다. 중국은 바로 이런 점에서 북극과 통하는 점이 있다.

어느 날 목욕탕에 갔다가 엄마를 따라 온 4살짜리 꼬마를 본 적이 있다. 이 꼬마는 엄마한테 이것 저것을 물었다. 엄마 나는 언제 어른처럼 될까요? 언제 가슴이 커질까요? 자신의 몽고반점을 가리키면서 차가운 엉덩이라고 표현했다. 엄마는 아주 친절하게 얘기해 줬다. 엉덩이가 뜨거운 엉덩이가 되면 가슴도 나오고 어른이 된다고. 아주 심플하면서도 재미있는 답이었다. 그러다 목욕탕을 나가면서 꼬마

---

* 유엔 안보리는 15개 이사국으로 이루어졌으며, 5개 상임이사국 외에 10개의 비상임이사국으로 구성되어 있음. 한국은 호주, 르완다, 룩셈부르크, 아르헨티나, 요르단, 차드, 칠레, 리투아니아, 나이지리아와 함께 비상임이사국이다. 비상임이사국은 임기가 매년 5개국씩 교체하는데 한국, 호주, 르완다, 룩셈부르크, 아르헨티나가 2014년에 자격을 취득한 반면, 나머지는 2015년에 자격을 취득했다.

는 자기 키보다 큰 선반 위에 놓은 고객의 소리를 담는 우편함이 궁금했나 보다. 아니면 그 앞에 놓은 종이를 짚고 싶었나 보다. 종이를 짚는 순간 종이랑 우편함이 우르르 바닥에 떨어졌다. 꼬마는 당황해 하면서도 이렇게 얘기했다. "엄마! 제가 너무 커버렸나 봐요"

사실 난 "엄마! 제 키가 너무 작은가 봐요"라고 할 줄 알았다. 그런데 이 꼬마는 달리 표현했다. 너무 커버려서 우편함을 짚을 능력이 되는 줄 알고 시도하다 사고를 치고 말았다는 논리다. 어른 보다 작아서 생긴 해프닝을 꼬마는 자기 기준에서 자신이 얼마나 컸는지를 자랑하고 싶은 거였다.

순간 필자에게 꼬마는 중국을 대입해 놓은 것 같다. 꼬마이기엔 너무 큰 꼬마지만. 중국이 앓고 있는 성장통에 전 세계가 주목을 하는 이유는 이 꼬마가 다음엔 도대체 뭘 집을지 모르기 때문이지 않을까? 아니 알 것 같기 때문에 더 불안이 증폭될 수도 있다. 저것만 짚지 않으면 좋겠는데 하는 걸 아이들은 만지작거리기 좋아한다. 때문에 중국의 급성장은 글로벌경제의 가장 아픈 치부를 건드릴 것 같기 때문에서 더욱 불안한 거다.

핵은 19금 영상물과 같다. 성인인증이 필요하다. 따라서 핵을 보유하고 다루는 국가를 제한하는 것은 당연하다고 본다. 그런데 국제사회의 불만은 미국의 양면적인 태도에 있다. 내가 하면 로맨스고, 남이 하면 불륜이라는 태도 말이다.

오바마 대통령이 지난 대통령들에 비해 시장 중심적이고 융화를 우선순위에 둔 정책을 폈다고는 하지만 실상은 그럴만한 믿는 구석이 있어서였다. 즉, 조지 부시 전 대통령은 재임기간 중 전체 핵탄두

보유량의 절반에 해당하는 5304개를 감축했다. 그러나 오바마는 집권한 지난 6년 간 폐기한 핵탄두는 500여 개밖에 되지 않는다. 오히려 2023년까지 '핵무기 현대화 10개년 계획'에 3550억 달러를 투입할 예정이다.

2010년 미국과 러시아가 '신전략무기감축협정'을 체결하면서 국제사회에 팽배했던 핵위협이 크게 줄어든 것은 사실이다. 하지만 우크라이나 사태 이후 미국은 미국대로 러시아는 러시아대로 각자의 노선을 주장하게 되었다. 예를 들면, 미국의회를 중심으로 러시아와 관련한 예산이 삭감되지 않나, 또 이런 미국의 태도에 불만을 품은 러시아 정부는 미국과의 핵 군축 협력을 중단하겠다는 입장을 통보해 온 것이다. 오는 2016년 미국 워싱턴에서 열리는 제4차 핵 안보정상회의에도 러시아는 불참을 선언한 바 있다.

러시아는 푸틴을 중심으로 핵무기 현대화에 초점을 맞춘 군사력 증강에 적극적이다. 북한이 핵실험을 통해 국제사회를 긴장시키는 행위는 어쩌면 자연스러운 전략의 산물이다.

북한의 전략은 게임이론에서 설명하는 알레의 역설Allais paradox에 비추어 보면 설명이 가능하다. 아래와 같이 두 개의 게임이 있다고 가정하자.

게임 1
- A: 100만원을 딸 확률 100%
- B: 100만원을 딸 확률 89% / 500만원을 딸 확률 10% / 아무 것도 따지 못 할 확률 1%

일반 사람들은 이 게임을 할 때 보통 게임 1에서는 A를 선택하고 (리스크 회피적 성향), 게임 2에서는 B를 선택(리스크 감수적 성향)한다고 한다. 이를 호모 이코노미쿠스 관점에서 볼 때 이성적인 선택이냐고 물으면 아니라는 것이다.

이를 북한에 대입하면, 북한은 핵실험하면서 얻는 국제사회의 이목을 게임 1의 B와 게임 2의 B로 인식한다는 것이다. 즉, 북한의 핵실험은 호모 이코노미쿠스다운 행동이라고 평할 수 있다.

그러나 문제는 북한의 핵 게임이 한반도 안보를 위협하고 있다는 데 있다. 게임이 아니라는 것이다.

핵과 원자력이 얼마나 중요한지를 알 수 있는 대목은 여러 군데 있다. 유럽연합이 '유로'라는 하나의 통화를 가지게 된 배경도 유럽원자력 공동체EURATOM과 유럽경제공동체EEC가 1958년 같은 날 설립되면서부터이다. 유럽경제공동체는 이후 1993년 유럽연합 설립으로 이어졌다. 유럽원자력 공동체가 사라진 이유는 1965년 체결된 합병조약에 따라 유럽원자력공동체, 유럽석탄철강공동체, 유럽경제공동체가 통합되었기 때문이다. 즉 유럽연합의 모체가 바로 유럽원자력공동체라 해도 과언이 아니다. 그만큼 에너지는 한 나라의 경제성장을 가능하게 하는 원천이요 원자력은 그 에너지비용을 최소화할 수 있는 수단이기 때문이다. 여기서 비용은 사회적 비용을 고려하지 않는다. 원자력과 관련한 사회적 비용 이슈는 보다 다음 책에서 다루고 싶다. 왜냐면 가장 민감한 이슈이기 때문이다. 원자력이슈를 객관적으로 다루는 것은 매우 어려운 일이다. 이해관계자가 매우 넓으면서도 또한 세대를 걸쳐 일어날 수 있는 핵폐기물 관련 문제는 장기적인 관점에서 사회적 비용을 고려해야 한다. 이와 관련해서는 환경비용 추정을 전공한 사람 입장에서도 이를 이 책의 일부 지면에 할애하기에는 내용이 너무 무겁다. 훗날 사회적 비용과 관련한 이해관계자에 대한 글을 쓸 기회가 있다면 그 때 쏟아내기로 한다.

유럽원자력공동체는 이후 유럽연합 차원에서 일부 회원국의 반핵감정으로 인해 원자력이슈를 법적 성격에서 제외시키자는 결정에 따라 현재 원자력기구의 기능은 유럽연합에서 빠져 있다.

원자력관련 협정은 최근 양자체제로 전환되고 있다. 그 일례가 바로 우리나라와 핀란드가 맺은 '정부 간 원자력의 평화적 이용에 관한 협력 협정'과 2015년을 뜨겁게 달군 한미 원자력협정이다. 원자력협정이 우여곡절을 걸쳐 체결될 수밖에 없는 이유는 양국 간 원자력 협력이 확대될 경우 주권침해가 예상되기 때문이다. 이러한 배경과 북극이사회 회원국들의 다양성은 군사외교와 관련한 뜨거운 감자로 계속 남아있을 전망이다.

4.4 북극권 경제의 명과 암

북극권국가들 중에서도 노르딕 국가들의 기후정책만 보면 노르딕 경제는 정말 이상적이라는 인상을 받을 수 있다. 기후정책 중에서도 가장 어려운 탄소세를 도입해서 잘 운영하고 있고, 그것도 좀 더 엄격한 수준으로 업그레이드를 해가고 있기 때문이다.

앞에서도 언급한 바와 같이 노르딕 경제는 엄격성을 존중한다. 그러나 엄격성 이면에는 경직된 시스템 등 합리적이지 못한 부분이 존재한다. 필자는 이를 북극권 경제의 명과 암이라고 표현하고 싶다.

북극권 경제는 우리나라보다 모두 다 잘 산다. 부유하다. 하나 같이 자원이 풍부하고 정치적으로 안정되어 사회적인 문제도 상대적으로 적다. 필자도 여기까지만 생각했었다. 필자 또한 북극권 경제의 밝은 부분만 알고 있었다. 이 책을 마무리하는 시점인, 2016년 2월 노르웨이 트롬소를 방문하는 출장을 갔다 오기 전까지는.

필자가 북극을 방문한 것은 총 세 번이다. 우렌고이 위에 위치한 가즈프롬 기지와 러시아 북극 원주민 부락을 방문한 것이 처음이고, 북극에너지정상회의가 열린 알라스카 페어뱅크스가 두 번째이고 최근 노르웨이 트롬소가 세 번째다. 처음 북극은 신가함 그 자체였고, 두 번째 북극은 실망감 그 자체였으며, 세 번째 북극은 암울함 그 자체였다.

필자에게는 각각 이 들 세 국가에 친한 친구들이 있다. 친숙해서 그런지 몰라도 좋고 밝은 것만 보려했는지도 모른다. 그러나 최근 노르웨이 북극을 방문하면서 필자가 미처 깨닫지 못한 북극권 경제의 어두운 부분이 이 책을 마무리하는 시점에 물밀 듯이 밀려온다. 다행이라고 생각한다.

트롬소에서 한국으로 돌아오는 여정에 오슬로를 경유하는 것은 필수 코스다. 오슬로 거리에 아주 인기 있는 밥집 겸 맥주집이 있다.

그 집 앞에 메뉴랑 함께 이런 말이 쓰여 있다. "샐러드를 먹으며 헬쓰 클럽을 가는 날도 있지만, 때론 감자튀김에 맥주 한 잔 하는 날도 있어야 하지 않겠는가? 우리 삶에는 균형이 필요하다."라고. 물론 필자는 이 집을 그냥 지나치지 못했다. 감자튀김에 맥주 두 잔을 하고 나왔다.

세상의 어느 곳도 명(明)과 암(暗)이 존재하지 않는 곳이 없듯이 북극권 경제 또한 명과 암이 존재한다. 북극권국가들은 모두 북극에 자국민들이 거주한다. 전체 인구에 비하면 작은 부분이지만 북극은 엄연히 자국민들을 위한 공간이다.

미국, 캐나다, 러시아는 북극권 국가들 중에서도 면적이 큰 나라들이다. 따라서 북극이라는 곳에 거주하는 자국민들이 아주 일부에 속하지만 노르웨이만 해도 트롬소라는 북위 69도에 위치한 도시가 자국 내에서 7번째로 큰 도시다. 그렇다면 이들 북극에 위치한 도시들이 전체 자국 경제에는 어떤 역할을 하고 있을까?

첫째, 이들 도시는 북극권 국가들이 서로 대면하고 있는 최전선에 위치하고 있어 군사 기지인 셈이다. 보기에는 평화로워 보이지만 이들 도시의 역할은 최전방이다.

둘째, 이들 도시는 북극권 국가 내에서는 가장 살기 힘든 도시다. 아무리 이들 국가들이 선진국이라 할지라도 북극권에 위치한 도시들은 여름엔 백야, 겨울엔 흑야를 운명으로 받아들이고 있다. 말이 흑야지 하루에 해가 2시간 남짓 하는 생활이 두 달이 넘는다고 상상해보라. 필자는 단지 일주일만 머물렀는데도 탈출하고 싶었다. 눈이라면 지긋지긋하다. 이러한 도시에서 활력은 아주 찾아보기 힘들다. 물론 미국 페어뱅크스에 비하면 노르웨이 트롬소는 인구가 3배 이상 된다. 그 정도로 큰 도시지만 낮 1시에 해가 저물어 버린다. 그리고 다음날 10시가 넘어서야 해가 겨우 동틀 무렵처럼 은은하게 비춘다. 그것도 해라고, 해가 뜨면 사람들의 표정 또한 들뜬다.

셋째, 그럼에도 불구하고 이들 도시에는 사람이 산다. 그것은 이들 지역주민들에게 인센티브를 지급했을 것이라는 생각을 하게 한다. 사실 소비세가 낮은 것은 쉽게 목격할 수 있다. 그렇다면 지역 자체 내부의 경제순환 구조는 어떠할까? 필자는 트롬소의 식당들이 대부분 3시 이후에나 연다는 것을 알고 무척 실망했다. 그러다 아침 7시 반에 문을 여는 카페를 발견했다. 이 커피숍은 필자가 트롬소에 머무는 동안 하루도 안 빼놓고 갈 정도로 커피 맛도 좋았고 아침 메뉴, 점심 메뉴가 그럴 듯 했다. 더구나 바리스타들이 훈남들로 구성되어 있고 전반적으로 커피숍에 오는 손님들도 젊고 활기찼다. 아무래도 여기 오는 손님들은 이런 분위기를 만끽하고 싶어서 오지 않나 싶다.

트롬소에서 주차 딱지를 끊긴 것도 바로 이 카페다. 커피를 테이크아웃해서 나오려고 잠깐 세운 것인데 주차요원이 필자의 차에 티켓을 얹어놓고 있던 참이었다. 필자는 당황해서 이러저러한 변명을 했는데 이미 전산으로 티켓이 본부에 통보된 것이라 본인도 어쩔 수가 없다고 한다. 그런데 필자는 이상했다. 왜 이 주차요원은 이리도 젊을까? 대학을 갓 졸업했거나 아니면 더 어릴 수도 있을 것 같았다. 주차딱지를 직접 지불하면 수수료가 붙지 않는다고 해서 본부까지 직접 갔는데, 가는 길에 모처럼 날씨가 좋아서 그런지 웬 주차요원들이 그리도 많던지 욕이 나왔다. 그러면서 북극권경제의 어두운 면모가

슬금슬금 보이기 시작했다. 이들 도시는 민간자본으로 버틸 수 없는 도시다. 일 년의 반 이상 어두운 상태가 지속되니 소비가 활발할 리 없다. 즉 민간자본으로는 도시가 버티기 어렵다. 고용 또한 젊은이들을 흡수할 기업이 많지 않다. 그러니 공공부문에 인력을 필요 이상으로 배치해야만 하는 시스템이 되어 버린 것이다.

물론 이 글을 읽는 분들 중에는 노르딕국가의 팬들이 많을 것이다. 필자의 지인들 중에는 스웨덴에서 공부를 한 분도 계시고 국제결혼을 한 분도 계신다. 이 부분을 이 지인들이 동의하지 않을 수도 있다. 그러나 필자에게 비춰진 주차관련 정책과 인력안배는 우리 시스템에 비춰볼 때 비효율의 극치다. 우리나라는 이미 많은 주차장이 전산화되고 기계화되었다. 차단기가 내려가고 올라가면서 주차할 공간을 제공하고 이에 따른 비용을 지불하게 유도한다. 반면 트롬소는 걸리지만 않으면 된다. 단 날씨가 아주 혹독하게 춥거나 눈이 많이 내려 교통이 마비될 정도가 되면 안 걸린다. 대신 날씨가 좋으면 주차요원들이 거리로 쏟아져 나온다. 그렇다면 이 구조는 바람직한 것일까? 노르웨이의 다른 지역도 마찬가지지만 젊은이들을 위한 일자리는 한정되어 있다. 민간이 흡수하지 못한 인력을 공공부문이 흡수해야 하는 현실이 이러한 비효율성을 낳게 되었다고 필자는 해석한다.

2016년 구정을 맞이하면서 스웨덴에서 오랫동안 일을 하신 지인을 집으로 초대한 적이 있다. 북구 유럽에 대한 어두운 부분과 밝은 부분에 대해 이야기를 나누느라 시간 가는 줄 몰랐다. 우리는 생소한 곳에 대한 호기심이 곧 동경의 대상이 되기도 하지만 때로는 어두운 부분을 보면서 실망하기도 한다. 바로 북극권 경제가 그러한 것 같다.

이 책을 마무리면서 독자들에게 인생에도 어두운 곳과 밝은 곳이 있어 균형이 필요하듯이, 북극을 바라보는 시각 또한 균형을 갖길 당부하고 싶다.

맺음말

    이 책은 북극을 지구의 극한 지역으로만 간주하고 지역이슈로 국한시키는 시야를 넓히고자 시작되었다. 보다 넓은 세계에서 우리의 미래를 이끌어나갈 젊은 층이 이 책을 집어 든다면 더욱 반가울 것 같다.

    이 책을 내가 가장 사랑하고, 나를 가장 사랑하는 가족에게 바치고 싶지 않다. 그 이유는 이 책이 내 편협된 사고에 매몰되어 설익은 떡이 된 것 같은 기분이 드는 것도 이유가 되지만, 이 책을 쓰게 된 동기와 자극을 준 사람은 따로 있기 때문이다. 그것은 에너지와 환경분야의 동료들, 선배들, 그리고 후배들이 동기부여와 사랑을 주었기 때문이다. 20년 가까이 에너지와 환경을 함께 해 온 내 전 직장 동료들, 그들은 내게 형제와도 같다. 아직도 김장김치와 고구마를 함께 나눠먹는 가스공사 동료들은 나와 함께 웃었고 또 함께 울었다. 그리고 현재 함께 하고 있는 직장과 에너지시장과 탄소시장을 함께 고민하는 동료들은 내가 진취적인 사고를 갖게 자극이 되어 주었다. 그리고 나를 이끌어주신 선배님들은 내게 나를 비쳐볼 수 있는 거울이 되어 주셨다. 항상 고맙다는 말씀을 이 책을 통해 전하고 싶다.

여성으로서 한국사회에 산다는 것은 매우 도전적인 일이다. 그 도전은 무한한 혜택이 잠재되어 있다는 것을 20년 후에서야 깨달았다. 내가 훌륭한 선배들의 노고 덕으로 쉬운 길을 걸었다면 나는 과연 후배들에게 무엇을 줄 수 있을까? 그 노고를 헛되이 하면 이렇게 된다는 나쁜 사례가 되지 않으면 다행이다 싶다.

이 책은 북극이라는 소재로 시작했지만 글로벌경제를 논하다 보니 요즘 가장 핫한 이슈, 미국과 중국, 저유가와 신기후체제, 에너지시장과 탄소시장 테두리를 맴돌게 되었다. 배운 도둑질이 에너지와 환경이다 보니 범위를 스스로 좁힌 것이 아닌가 싶다. 그러나 필자는 이 책을 통해 시장이 확대되고 있다는 점을 강조한 데 대해서는 후회가 없다. 에너지에서 환경으로 시장이 확대되고, 자국의 경제성장에서 글로벌 경제모델로, 일반적인 재화시장에서 파생상품이 활용되는 금융시장의 확대로 세상은 점점 경계가 불분명해지고 있다. 바로 세계화 국제화의 산물이고, 시장원리가 적용되지 않는 곳이 없다.

그러나 시장에 대한 맹신은 경계해야 한다. 2001년 엔론 사태를 기억할 것이다. 필자는 당시 국제가스연맹 산하 전문위원 중에 엔론 부사장이 있었기에 기억이 더욱 생생하다. 엔론 부사장은 전략분과의 위원장이었는데 결국 임기를 마치지 못하고 하차했다. 유럽권에서 있는 분과회의를 지원할 재원이 끊겼기 때문이다.

엔론은 가장 경직된 시장인 천연가스에 금융을 접목시켜 그 수혜를 누린 기업이다. 그 수혜가 기업에 고스란히 갔다 해도 도덕적 해이를 면치 못했을 것인데 경영진들에게 집중되었다는 점이 질타를 받을 만했다. 결국 엔론의 최고경영자 제프 스킬링은 24년형을 선고받았고 16명의 경영진이 유죄판결을 받으면서 엔론 사태는 종결되었다.

하지만 그 여파는 엔론의 파산과 경영진에 대한 사법조치로 끝나지 않았다. 엔론 사태는 분식회계가 사법조치의 중심에 있는 건 사실이다. 그러나 그 배경에는 경직된 에너지 시장 구조에 있다. 즉, 경직된 시장을 리스크를 관리하여 해결하려는 노력이 이윤추구라는 기업의 생리와 맞물려 예기치 못한 결과를 가져왔다.

요즘 경제학에서 뜨는 분야인 행동경제학에서 호모 이코노미쿠스란 단어를 사용한다. 호모 이코노미쿠스란 두 발로 서서 다니는 호모 사피엔스와 대별되는 영장류로, 한정된 자원으로 욕망을 최대한 충족시키기 위해 합리적으로 판단하는 모든 행동의 근저에 이기심을 가진 인간이란 뜻이다. 즉, 이윤추구를 위한 기업의 전략은 호모 이코노미쿠스의 연장선상에 있다.

1999년 뉴욕에 있는 유엔개발국에 다니던 시절, 월가에서 활동하는 금융전문가인 친구가 한 말이 있다. 망하려면 파생상품에 손을 대라. 그리고 더 빨리 망하고 싶으면 종목으로 천연가스를 선택하라고. 그 만큼 경직된 구조로 인한 가격변동성이 큰 상품이 천연가스 선물이다. 다시 말하면, 천연가스만큼 파생상품이 필요한 상품도 없는 셈이다.

우리나라는 여전히 성장하고 있다. 에너지시장도 성장통이 예상되지만 배출권거래 또한 성장통이 예상된다. 배출권거래의 성장통은 이미 예견된 바 있다. 왜냐면 배출권거래 자체가 에너지시장에서 파생된 것이기 때문이다. 파생상품의 필요성을 느끼게 된다면 그 시장은 이미 어느 정도 호모 이코노미쿠스의 구미를 당겼다는 것이다.

필자는 고기를 좋아한다. 소고기, 돼지고기, 닭고기, 양고기, 생선, 등등. 고기를 연하게 하는 방법이 있다. 서양친구들은 고기를 몽둥이로 두드려 연하게 만든다. 동양에서는 술을 넣거나 키위와 파인애플을 넣는다. 한국식 불고기에서 참기름은 고기의 풍미를 더해주기도 하지만 고기를 연하게 느끼도록 한다. 경직된 조직을 연하게 만드는 방법은 여러 가지가 있다. 파생상품도 그 일부이지 전부는 아니다.

필자는 올해로 에너지시장과 탄소시장을 20년 째 하고 있다. 북극으로 시작해서 파생상품으로 이 책을 맺는 이유는 파생상품의 도입시기에 대해 하고 싶은 말이 있기 때문이다. 파생상품은 필요하다. 리스크 관리를 위해 단연코 필요하다. 그 시기에 대해서는 '주변환경을 함께 고려해서'라고 무책임하게 말하려고 한다. 그 이유는 시장참여자만큼 파생상품의 필요성과 수요를 가장 잘 알 수 있는 주체는 없으니까.

우리는 곧 에너지와 탄소시장에 파생상품을 가지게 될 것이다. 그때 우리는 파생상품의 위력을 체험하게 될 것이다. 시장의 성숙은 성장통 없이 이루어지지 않는다. 고기의 숙성처럼 기다림이 필요할 수도 있다.

필자는 곱슬머리 김정운 교수*만큼 재미있게 글을 쓰지 못한다. 김

---

* 문화심리학자라고 위키백과에 소개되어 있다.

정운 교수가 라디오 방송에 나와서 자신의 필력이 보잘 것 없다고 얘기하는 걸 들으면서 너무나도 공감했다. 필자 또한 그렇다. 이런 글을 끝까지 읽어주신 독자들께 무한한 감사를 드린다.

김효선 드림

참고문헌

국내

도서, 논문

- 김종길, 2015. "동남아에서의 미·중 경제관계의 변화," 아시아리뷰 제1권 제2호, 79-108.
- 박호정, 2004, "효율적 배출권 거래시장의 형성방안 연구: 동태적 효율성을 중심으로," 에너지경제연구원 기본연구보고서
- 에너지경제연구원, 2010. 신재생에너지정책 워크샵 자료: 수출산업화 및 지방보급 활성화 전략
- 에너지경제연구원, 2014. "최근 북극지역 자원개발 환경 변화와 시사점," 세계 에너지시장 인사이트, 9월호.
- 유상희, 김효선, 박광수, 양준모, 윤주훈, 주영근, 2010. 기후변화 및 탄소시장 용어집, 경문사.
- 이동근, 이명균, 김태용 등, 2014. 생물다양성, 경제로 논하다, 보문당.
- 정하윤·이재승, 2012. "미국의 기후변화 및 신재생에너지 정책의 전개과정 분석: 행정부별 특징을 중심으로," 국제관계연구, 제17권 제2호, 5-45.
- KDI, 2012. 국제자본이동 및 외환시장에 대한 금융규제

기타

- 김창식, 2015. 장기전력수요예측모형, 천연가스산업연구회 발표자료

- 매경이코노미, 2015. 1824호.

국외

도서, 논문

- Alaska Department of Revenue, 2012. Alaska's Oil and Gas Fiscal Regime − A Closer Look from the Global Perspective
- Bartkowski, B., Lienhoop, N., Hansjurgens, B. 2015. "Capturing the Complexity of Biodiversity: A Critical Review of Economic Valuation Studies of Biological Diversity," Ecological Economics(113), 1-14.
- Bovenberg, A.L. and R.A. de Mooij 1994. "Environmental Levies and Distortionary Taxation," American Economic Review(84), 1085-9.
- Bovenberg, A.L. and R.A. de Mooij 1997. "Environmental Tax Reform and Endogenous Growth," Journal of Public Economics(63), 207-37.
- Chan, Nigel and Wang, Qiying, 2015. "Nonlinear regressions with nonstationary time series," Journal of Econometrics(185), 182 − 195.
- Chen, C., Wiser, R. Mills, A. and Bolinger, M., 2008. "Weighting the costs and benefits of state renewable portfolio standards in the United States," Renewable and Sustainable Energy Reviews(13), 552-566.
- Chestnut, L.G., and Mills, D.M., 2005. "A fresh look at the benefits and cost of the US Acid Rain Program, Journal of Environmental Management(77), 252-266.
- Commonwealth of Australia, 2008. Carbon Pollution Reduction Scheme Green Paper, especially Chapter 11: tax and accounting issues, Department of Climate Change.
- Congressional Budget Office. 2015. An Update to the Budget and Economic Outlook: 2015 to 2025.

- Cowan, K. and De Gregorio, J., 1998. "Exchange Rate Policies and Capital Account Management," In: R. Glick (ed.), Managing Capital Flows and Exchange Rates, Cambridge: Cambridge University Press, 465-488.

- Cramton, P., and Kerr, S., 2002. "Tradable Carbon Permit Auctions: How and Why to Auction not Grandfather," Energy Policy(30), 333-345.

- De Gregorio, J., Edwards, S. and Valdes, R., 2000. "Controls on Capital Inflows: Do They Work?" Journal of Development Economics(63), 59-83.

- Dempster, N. and Carlos, J. 2010. "Gold: Inflation Hedge and long-Term Strategic Asset," The Journal of Wealth Management(13), 69-75.

- Dodge, R. E., Fairbanks, R. G., Benninger, L. K., and Maurasse, F., 1983. "Pleistocene sea levels from raised coral reefs of Haiti." Science 219, 1423-1425.

- EcoResources Consultants, 2011. Evidence of the Socio-Economic Importance of Polar Bears for Canada.

- EIA, 2015. Short-Term Energy Outlook 2015.

- Ellerman, A.D., Buchner, B.K., and Carraro, C., 2007, Allocation in the European Emissions Trading Scheme, Cambridge University Press.

- Enevoldsen, M. 2005. The Theory of Environmental Agreements and Taxes. London: Edward Elgar.

- European Commission, 2005, Directorate General for Environment, Review of EU Emissions Trading Scheme: Survey Highlights

- Fischer, Carolyn, Parry, Ian W.H. and Pizer. William A., 1998. "Instrument Choice for Environmental Protection When Technological Innovation Is Endogenous," Discussion Paper no. 99, Washington, D.C.: Resources for the Future. October.

- Goodstein, E. 2003. "The Death of the Pigovian Tax? Policy Implications from the Double-Dividend Debate," Land Economics(79), 402-14.
- Goulder, Lawrence H., and Schneider, Steven H., 1996. Induced Technological Change, Crowding Out, and the Attractiveness of Carbon Dioxide Emissions Abatement. Stanford, Calif.: Stanford University Institute for International Studies. October.
- Gravelle, Jane G. 1994. The Economic Effects of Taxing Capital Income. Cambridge, Mass.: MIT Press.
- Greoenveld, J., Johst, K., Kawaguchi, S., Meyer, B., Teschke, M. 2015. How Bilogical Clocks and Changing Environmenal conditions Determine Local Population Growth and Species Distribution in Antarctic Krill: A Conteptual Model, Ecological Modelling(303), 78-86.
- Hanley, N., Spash, C., Walker, L., 1995. Problems in Valuing the Benefits of Biodiversity Protection, Environmental and Resource Economics(5), 249-272.
- Hatfield-Dodds, S., and R. Denniss, 2008. Energy Affordability Living Standards and Emission Trading, Report to the Climate Institute.
- Hilden, M. et al., 2002. Evaluation of environmental policy instruments - a case study of the Finnish pulp&paper and chemical industries, Helsinki: Finish Environment Institute
- Humphreys, J., 2007, "Exploring a Carbon Tax for Australia, The Centre for Independent Studies," CIS Policy Monograph(80).
- IEA, 2000. Experience Curves for Energy Technology Policy, Paris.
- IMF, 2008. The fiscal Implications of climate change, the Fiscal Affairs Department, IMF.
- Jaffe, A.B., R.G. Newell, and R.N. Stavins, 2002. Environmental Policy and Technological Change, Environmental and Resource

Economics(22), 41-69.

- Jaffe, A. B., Newell, R. G., and Stavins, R., 2000. "Technological Change and the Environment, "Discussion Paper, Washington, D.C.: Resources for the Future

- Jorgenson, D.W., and P.J. Wilcoxen, 1990. Environmental Regulation and U.S. Economic Growth, Rand Journal of Economics(21), 314-340.

- J.P.Morgan, 2015. Global Manufacturing PMI

- Kim, Hyo-Sun, 2015. "New Nexus of Climate and Energy Security for the Sustainable Arctic Future, "Arctic Yearbook 2015, 422-426.

- Kim, Hyo-Sun and Lee, Sungro, 2015. "Testing Market Efficiency of Spot and Futures Prices in European Carbon Market," Asian Pacific Journal of EU Studies(13), 109 - 119.

- Kukla, G. J., Clement, A. C., Cane, M. A., Gavin, J. E. & Zebiak, S. E., 2002. "Last interglacial and early glacial," ENSO. Quat. Res.(58), 27 - 31.

- Kydes, A.S., 2007. "Impacts of a renewable portfolio generation standard on US energy markets," Energy Policy(35), 809-814.

- Lapland Chamber of Commerce, Arctic Business Forum: Yearbook 2015, March 2015.

- Laruelle, M., 2014. Russia's Arctic Strategies and the Future of the Far North, M.E. Sharpe

- Levin, P., Damon, M., and Samhouri, J., 2010. "Developing Meaningful Marine Ecosystem Indicators in the Face of a Changing Climate," Stanford Journal of Law, Science, and Policy, 36-48.

- McDonald, A. and Schrattenholzer, L., 2001. "Learning Rates for Energy Technologies," Energy Policy(29)

- McDowell, G., Ford, J.D., 2014. "The Socio-Ecologicla Dimensions of Hydrocarbon Development in the Disko Bay Region of Greenland:

Opportunities, Risks, and Tradeoffs," Applied Geography(46), 98-110.

- McPherson, S.S., 2015. Arctic Thaw: Climate Change and the Global Race for Energy Resources, Twenty-First Century Books

- NERA Economic Consulting, 2014. Potential Energy Impacts of the EPA Proposed Clean Power Plan

- Newell, R.G. 2008. A U.S. Innovation Strategy for Climate Change Mitigation, The Hamilton Project, The Brookings Institution

- Newell, Richard G., Jaffe, A. and Stavins, R. 1998. "The Induced Innovation Hypothesis and Energy Saving Technological Change," Discussion Paper(revised). Washington, D.C.: Resources for the Future

- Nishio, K., Asano, H., 2006. "Supply amount and marginal price of renewable electricity under the renewable portfolio standard in Japan," Energy Policy(34), 2373-2387.

- Nordic Council of Ministers, 2014. Nordic Action on Climate Change

- Nordic Council of Ministers, 2015. Nordic Statistics 2015

- Oates, Wallace B. 1992. ""Taxation and the Environment: A Case Study of the United States."" Unpublished manuscript. Department of Economics, University of Maryland, College Park

- OECD, 2009. Economic Outlook-Annual Projections for OECD Countries, Organization for Economic Cooperation and Development

- Osnos, E., 2014. Age of Ambition: Chasing Fortune, Truth, and Faith in the New China, FSG Books

- Pacala, S. and Socolow, R., 2004. "Stabilization Wedges: Solving the Climate Problem for the Next 50 Years with Current Technologies," Science, vol. 305, no. 5686

- Parry, Ian W.H. 1997. Revenue Recycling and the Costs of Reducing Carbon Emissions. Climate Issues Brief no. 2. Washington, D.C.:

Resources for the Future

- Parry, Ian W.H. 2002. "Adjusting Carbon Cost Analyses to Account for Prior Tax Distortions. Discussion Paper, Washington, D.C.: Resources for the Future

- Parry, Ian W.H., and Antonio Miguel Bento. 1999. "Tax Deductible Spending, Environmental Policy, and the Double Dividend Hypothesis," Discussion Paper, Washington, D.C.: Resources for the Future

- Parry, Ian W.H., and Wallace E. Oates. 1998. "Policy Analysis in a Second Best World," Discussion Paper. Washington, D.C.: Resources for the Future

- Pearce, D., 1991. "The role of carbon taxes in adjusting to global warming," The Economic Journal(101), 938-948.

- Rothwell, D., 1996. The Polar Regions and the Development of International Law, Cambridge University Press

- Shell, 2013. New Lens Scenarios: A Shift in Perspective for a World in Transition

- Shevchuk, Igor, 2014. "Commentary Regional International Cooperation in the Arctic & Subarctic Zone: A View from Karelia," Arctic Yearbook 2014, 469 - 472.

- Shui, Bin, and Harris, Robert, 2006. "The Role of CO2 Embodiment in US-China Trade," Energy Policy(34), 4063-4068.

- Stuiver, M., Braziunas, T.F., Becker, B., and Kromer, G., 1991. "Climatic, solar, oceanic, and geomagnetic influences on Late-Glacial and Holocene atmospheric Full-size image ($<$1 K) change," Quaternary Research(35), 1-24.

- Tiling, R.L., Ridout, A., Shelperd, A. and Wingham, D., 2015. "Increased Arctic Sea Ice Volume after Anomalously Low Melting in 2013," Nature

Geoscience, 643 – 648.

- U.S. Chamber of Commerce, 2015. International Index of Energy Security Risk
- Vermeend W. , van der Vaart, J., 1998. Greening Taxes: The Dutch model, Deventer: Kluwer.
- Wood Mackenzie, 2006. Arctic Role Diminished in World Oil Supply, Wood Mackenzie and Fugro Robertson
- World Bank and Ecofys, 2015. Carbon Pricing Watch 2015
- Young, Oran, 1992. Arctic Politics: Conflict and Cooperation in the Circumpolar North, University Press of New England
- Young, Oran, 2013. On Environmental Governance: Sustainability, Efficiency, and Equity, Paradigm Publishers

국외 인터넷, 기타

- Alaska Dispatch News, Shell calls off 2014 oil exploration in Alaska's Arctic waters (January 30, 2014) at 〈http://www.adn.com/article/20140130/shell-calls-2014-oil-exploration-alaskas-arctic-waters〉.
- Barker, T., "Avoiding dangerous climate change through environmental tax reform," presentation at COMETR final workshop, Brussels March 21st 2007.
- Betz, R. "Climate Policy: Comparing Cap and Trade and Tax Schemes," presented at Parliamentary Library Vital Issues Seminar, 2009.
- Bloomberg, www.bloomberg.com
- Bloomberg, CNPC Buys Stake in Novatek's Yamal LNG Project in Russian Arctic (September 5, 2013) at 〈http://www.bloomberg.com/news/

articles/2013-09-05/cnpc-buys-stake-in-novatek-s-yamal-lng-project-in-russian-arctic⟩.

- CRS. 2011. U.S. Fossil Fuel Resources: Terminology, Reporting, and Summary. CRS Report for Congress R40872. Available at: http://www.fas.org/sgp/crs/misc/R40872.pdf.

- Danish.net, Greenland's Referendum on Home Rule, at ⟨http://www.danishnet.com/government/greenlands-referendum-home-rule/⟩.

- DOI, Interior Department Cancels Arctic Offshore Lease Sales (October, 16 2015) at ⟨https://www.doi.gov/pressreleases/interior-department-cancels-arctic-offshore-lease-sales⟩.

- Durham University, United Nations, Features in the Arctic, at ⟨https://www.dur.ac.uk/research/news/thoughtleadership/?itemno=25418⟩.

- Eurostat, Statistics Database, http://epp.eurostat.ec.europa.eu.

- Forbes, U.S.-Led Sanctions Squeeze Massive Russian Gas Project, But Chinese Funds May Hold The Answer (November 18, 2015) at ⟨http://www.forbes.com/sites/timdaiss/2015/11/18/us-led-sanctions-squeeze-massive-russian-gas-project-but-chinese-funds-may-hold-the-answer/⟩.

- Hanemann, M., "A New Architecture for Domestic Climate Policy: Trading, Tax or Technologies?", presented at UC Berkely North America Network seminar 2008.

- Larry Gedney, Where Is The Russian-U.S. Boundary? Article #802, Alaska Science Forum (January 5, 1987) at ⟨http://www2.gi.alaska.edu/ScienceForum/ASF8/802.html⟩.

- LNG World News, Total's CEO to visit Yamal LNG (April 9, 2015) at ⟨http://www.lngworldnews.com/totals-ceo-to-visit-yamal-lng/⟩.

- Moody's:, Moody's: Yamal LNG's bond issuance is credit positive for

Novatek as opens door to external funding (November 25, 2015) at ⟨https://www.moodys.com/research/Moodys-Yamal-LNGs-bond-issuance-is-credit-positive-for-Novatek—PR_339893⟩.

- MWMarketWatch, Royal Dutch Shell plc: Shell Updates on Alaska Exploration (Sept 28, 2015 1:37 a.m. ET) at ⟨http://www.marketwatch.com/story/royal-dutch-shell-plc-shell-updates-on-alaska-exploration-2015-09-28⟩.

- Natural Gas Europe, First Gas Feeds to Bovanenkovo-Ukhta GTS (June 15th, 2012) at ⟨http://www.naturalgaseurope.com/first-gas-feeds-to-bovanenkovo-ukhta-gts⟩.

- Novatek, Yamal LNG infrastructure at ⟨http://www.novatek.ru/en/business/yamal-lng/yamal_infrastructure/⟩.

- Offshore Energy Today.com, China: Rosneft, CNPC Execs Sign Deals on Arctic Seas Exploration (May 30, 2013).

- Oil and Gas, Rosneft and ExxonMobil strike oil in Arctic well (September 27, 2014) at ⟨http://www.ft.com/cms/s/0/d667e26c-457e-11e4-9b71-00144feabdc0.html#axzz3s0Eu5zW8⟩.

- Petero, Main Objective Vision and Values, at https://www.petoro.no/about-petoro/objective-vision-and-values⟩.

- Pew Center, www.pewclimate.org/federal/congress/testimony

- Reuters, Co-owner of Russia's Novatek says CNPC not planning to increase stake in Yamal (May 8, 2015) at ⟨http://www.reuters.com/article/2015/05/08/russia-gas-yamal-idUSR4N0V901N20150508#U9tYfr6boUliY8g7.99⟩.

- Reuters, ExxonMobil suspends cooperation with Rosneft on Arctic oil project (Sepember 29, 2014 1:17AM EDT) at ⟨http://www.reuters.com/article/2014/09/29/rosneft-arctic-exxon-mobil-idUSL6N0RU07B201409

29#w7VEQ4zIChxy02Ot.97〉.

- Statoil, Statoil signs cooperation agreement with Rosneft (May 5, 2015) at 〈http://www.statoil.com/en/NewsAndMedia/News/2012/Pages/ StatoilRosneftMay2012.aspx〉.

- The Moscow Times, Novatek and China's CNPC Sign LNG Supply Deal (May. 20 2014) at 〈http://www.themoscowtimes.com/business/article/ novatek-and-chinas-cnpc-sign-lng-supply-deal/500497.html〉.

- The Wall Street Journal, Sanctions Bite Massive Gas Project in Russian Arctic (August 27, 2015) at 〈http://www.wsj.com/articles/sanctions-bite-massive-gas-project-in-russian-arctic-1440667802〉.

- The Wall Street Journal, Total CEO: Russian Arctic Project Gets Chinese Funding Boost (September 24, 2015) at 〈http://www.wsj.com/articles/ total-ceo-chinese-fund-boosts-russian-arctic-project-1443114704〉.

- Total, Yamal LNG: The Gas that Came in from the Cold, at 〈http://www. total.com/en/energy-expertise/projects/oil-gas/lng/yamal-lng-cold-environment-gas〉.

- UPI, IEA sees high risk in arctic oil (September 18, 2015) at 〈http:// www.upi.com/Business_News/Energy-Industry/2015/09/18/IEA-sees-high-risk-in-arctic-oil/8001442578893/〉.

- Voice of America, Statoil Announces it Will Exit Alaska Offshore Exploration (November 18, 2015 4:56 AM) at http://www.voanews. com/content/ap-statoil-announces-it-will-exit-alaska-offshore-exploration/3063014.html〉.

- World Bank, 2015. World Development Indicators, http://data. worldbank.org/ data-catalog/world-development-indicators

국외판결

- Legal Status of Eastern Greenland (Den. v. Nor.), 1933. P.C.I.J. (ser. A/ B) No. 53 (Apr. 5).http://www.fas.org/sgp/crs/misc/R40872.pdf.
- Danish.net, Greenland's Referendum on Home Rule, at ⟨http://www. danishnet.com/government/greenlands-referendum-home-rule/⟩.
- DOI, Interior Department Cancels Arctic Offshore Lease Sales (October, 16 2015) at ⟨https://www.doi.gov/pressreleases/interior-department-cancels-arctic-offshore-lease-sales⟩.
- Durham University, United Nations, Features in the Arctic, at ⟨ https:// www.dur.ac.uk/research/news/thoughtleadership/?itemno=25418⟩.
- Eurostat, Statistics Database, http://epp.eurostat.ec.europa.eu.
- Forbes, U.S.-Led Sanctions Squeeze Massive Russian Gas Project, But Chinese Funds May Hold The Answer (November 18, 2015) at ⟨http:// www.forbes.com/sites/timdaiss/2015/11/18/us-led-sanctions-squeeze-massive-russian-gas-project-but-chinese-funds-may-hold-the-answer/⟩.
- Hanemann, M., "A New Architecture for Domestic Climate Policy: Trading, Tax or Technologies?", presented at UC Berkely North America Network seminar 2008.
- Larry Gedney, Where Is The Russian-U.S. Boundary? Article #802, Alaska Science Forum (January 5, 1987) at ⟨http://www2.gi.alaska.edu/ScienceForum/ASF8/802.html⟩.
- LNG World News, Total's CEO to visit Yamal LNG (April 9, 2015) at ⟨http://www.lngworldnews.com/totals-ceo-to-visit-yamal-lng/⟩.
- Moody's:, Moody's: Yamal LNG's bond issuance is credit positive for Novatek as opens door to external funding (November 25, 2015) at ⟨https://www.moodys.com/research/Moodys-Yamal-LNGs-bond-issuance-is-credit-positive-for-Novatek—PR_339893⟩.

- MWMarketWatch, Royal Dutch Shell plc: Shell Updates on Alaska Exploration (Sept 28, 2015 1:37 a.m. ET) at ⟨http://www.marketwatch. com/story/royal-dutch-shell-plc-shell-updates-on-alaska-exploration-2015-09-28⟩.
- Natural Gas Europe, First Gas Feeds to Bovanenkovo-Ukhta GTS (June 15th, 2012) at ⟨http://www.naturalgaseurope.com/first-gas-feeds-to-bovanenkovo-ukhta-gts⟩.
- Novatek, Yamal LNG infrastructure at ⟨http://www.novatek.ru/en/business/yamal-lng/yamal_infrastructure/⟩.
- Offshore Energy Today.com, China: Rosneft, CNPC Execs Sign Deals on Arctic Seas Exploration (May 30, 2013).
- Oil and Gas, Rosneft and ExxonMobil strike oil in Arctic well (September 27, 2014) at ⟨http://www.ft.com/cms/s/0/d667e26c-457e-11e4-9b71-00144feabdc0.html#axzz3s0Eu5zW8⟩.
- Petero, Main Objective Vision and Values, at https://www.petoro.no/about-petoro/objective-vision-and-values⟩.
- Pew Center, www.pewclimate.org/federal/congress/testimony
- Reuters, Co-owner of Russia's Novatek says CNPC not planning to increase stake in Yamal (May 8, 2015) at ⟨http://www.reuters.com/article/2015/05/08/russia-gas-yamal-idUSR4N0V901N20150508#U9tYfr6boUliY8g7.99⟩.
- Reuters, ExxonMobil suspends cooperation with Rosneft on Arctic oil project (Sepember 29, 2014 1:17AM EDT) at ⟨http://www.reuters.com/article/2014/09/29/rosneft-arctic-exxon-mobil-idUSL6N0RU07B201409 29#w7VEQ4zIChxy02Ot.97⟩.
- Statoil, Statoil signs cooperation agreement with Rosneft (May 5, 2015) at ⟨http://www.statoil.com/en/NewsAndMedia/News/2012/Pages/

StatoilRosneftMay2012.aspx⟩.

- The Moscow Times, Novatek and China's CNPC Sign LNG Supply Deal (May. 20 2014) at ⟨http://www.themoscowtimes.com/business/article/novatek-and-chinas-cnpc-sign-lng-supply-deal/500497.html⟩.

- The Wall Street Journal, Sanctions Bite Massive Gas Project in Russian Arctic (August 27, 2015) at ⟨http://www.wsj.com/articles/sanctions-bite-massive-gas-project-in-russian-arctic-1440667802⟩.

- The Wall Street Journal, Total CEO: Russian Arctic Project Gets Chinese Funding Boost (September 24, 2015) at ⟨http://www.wsj.com/articles/total-ceo-chinese-fund-boosts-russian-arctic-project-1443114704⟩.

- Total, Yamal LNG: The Gas that Came in from the Cold, at ⟨http://www.total.com/en/energy-expertise/projects/oil-gas/lng/yamal-lng-cold-environment-gas⟩.

- UPI, IEA sees high risk in arctic oil (September 18, 2015) at ⟨http://www.upi.com/Business_News/Energy-Industry/2015/09/18/IEA-sees-high-risk-in-arctic-oil/8001442578893/⟩.

- Voice of America, Statoil Announces it Will Exit Alaska Offshore Exploration (November 18, 2015 4:56 AM) at http://www.voanews.com/content/ap-statoil-announces-it-will-exit-alaska-offshore-exploration/3063014.html⟩.

- World Bank, 2015. World Development Indicators, http://data.worldbank.org/data-catalog/world-development-indicators

국외판결

- Legal Status of Eastern Greenland (Den. v. Nor.), 1933. P.C.I.J. (ser. A/B) No. 53 (Apr. 5).

참고자료

교토체제 하에서 국가별 배출 할당량 (유럽연합 배출권거래제)

국가	국가 감축 목표	2005~2007년		2008~2012년	
		할당된 이산화탄소 배출권	유럽 연합 내 비중	할당된 이 산화탄소 배출권	유럽 연합 내 비중
오스트리아	-13%	33	1.40%	30.7	1.50%
벨기에	-7.5%	62.1	2.70%	58.5	2.80%
불가리아	-8%	42.3	1.80%	42.3	2.00%
사이프러스	-	5.7	0.20%	5.48	0.30%
체코 공화국	-8%	97.6	4.20%	86.7	4.20%
덴마크	21%	33.5	1.40%	24.5	1.20%
에스토니아	-8%	19	0.80%	12.72	0.60%
핀란드	0%	45.5	2.00%	37.6	1.80%
프랑스	0%	156.5	6.80%	132.3	6.40%
독일	-21%	499	21.70%	453.1	21.80%
그리스	+25%	74.4	3.20%	69.1	3.30%
헝가리	-6%	31.3	1.40%	26.9	1.30%
아일랜드	+13%	22.3	1.00%	22.3	1.10%
이탈리아	-6.5%	223.1	9.70%	195.8	9.40%
라트비아	-8%	4.6	0.20%	3.43	0.20%
리투아니아	-8%	12.3	0.50%	8.8	0.40%
룩셈부르크	-28%	3.4	0.10%	2.5	0.10%
몰타	-	2.9	0.10%	2.1	0.10%
네덜란드	-6%	95.3	4.10%	85.8	4.10%
폴란드	-6%	239.1	10.40%	208.5	10.00%
포르투갈	+27%	38.9	1.70%	34.8	1.70%
루마니아	-8%	74.8	3.20%	75.9	3.70%
슬로바키아	-8%	30.5	1.30%	30.9	1.50%
슬로베니아	-8%	8.8	0.40%	8.3	0.40%
스페인	+15%	174.4	7.60%	152.2	7.30%
스웨덴	+4%	22.9	1.00%	22.5	1.10%
영국	-12%	245.3	10.70%	245.6	11.80%
합계		2298.5	100%	2079.33	100%

(출처: EC(2008) p. 14)

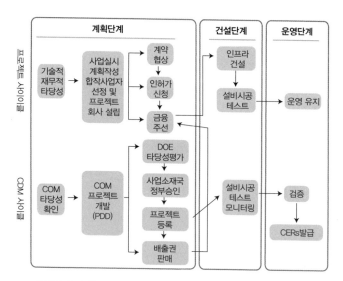

청정개발체제(Clean Development Mechanism, CDM) 사업 사이클

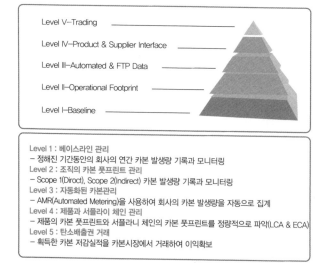

Level V–Trading

Level IV–Product & Supplier Interface

Level III–Automated & FTP Data

Level II–Operational Footprint

Level I–Baseline

Level 1 : 베이스라인 관리
– 정해진 기간동안의 회사의 연간 카본 발생량 기록과 모니터링
Level 2 : 조직의 카본 풋프린트 관리
– Scope 1(Diroct), Scope 2(Indirect) 카본 발생량 기록과 모니터링
Level 3 : 자동화된 카본관리
– AMR(Automated Metering)을 사용하여 회사의 카본 발생량을 자동으로 집계
Level 4 : 제품과 서플라이 체인 관리
– 제품의 카본 풋프린트와 서플라니 체인의 카본 풋프린트를 정량적으로 파악(LCA & ECA)
Level 5 : 탄소배출권 거래
– 획득한 카본 저감실적을 카본시장에서 거래하여 이익확보

탄소회계의 단계

글로벌 북극

북극을 통해 들여다 본 세계 경제의 지형도

지은이 김효선

1판 1쇄 인쇄 | 2016년 2월 19일
1판 1쇄 발행 | 2016년 2월 26일

펴낸곳 (주)지식노마드 **펴낸이** 김중현 **등록번호** 제 313-2007-000148호 **등록일자** 2007.7.10
주소 서울특별시 마포구 월드컵북로6길 42 태성빌딩 3층 (03993)
전화 02-323-1410 **팩스** 02-6499-1411
이메일 knomad@knomad.co.kr **홈페이지** http://www.knomad.co.kr

가격 12,000원
ISBN 978-89-93322-88-0 03320

Copyright (c)2015 극지연구소

잘못 만들어진 책은 구입하신 서점에서 교환해 드립니다.

영업관리 (주)북새통
전화 02-338-0117 **팩스** 02-338-7160